CONFIANÇA
a chave para o sucesso pessoal e empresarial

Leila Navarro
José María Gasalla

CONFIANÇA

a chave
para o sucesso
pessoal e
empresarial

Copyright © 2007 José María Gasalla e Leila Maria Fernandes Navarro
Copyright © 2007 Integrare Editora Ltda.

Publisher
Maurício Machado

Assistente editorial
Luciana Nicoleti

Produção editorial e acompanhamento
Estúdio Sabiá

Preparação de texto
Maria da Anunciação Rodrigues

Revisão de provas
Valéria Sanalios, Hebe Lucas, Rosamaria Afonso

Projeto gráfico de capa e miolo
Alberto Mateus

Diagramação
Crayon Editorial

Foto da orelha
Nelson Toledo

Dados Internacionais de Catalogação na Publicação (CIP)
(Câmara Brasileira do Livro, SP, Brasil)

Navarro, Leila
 Confiança : a chave para o sucesso pessoal e empresarial / Leila
Navarro, José María Gasalla. -- São Paulo : Integrare Editora, 2007.

 ISBN 978-85-99362-15-0

 1. Auto-ajuda - Técnicas 2. Confiança 3. Sucesso I. Gasalla, José
María. II. Título.

07-7514 CDD-158.1

Índice para catálogo sistemático :
1. Confiança : Psicologia aplicada 158.1

Todos os direitos reservados à INTEGRARE EDITORA LTDA.
Rua Tabapuã, 1123, 7.º andar, conj. 71/74
CEP 04533-014 – São Paulo – SP – Brasil
Telefax: (55) (11) 3562-8590
visite nosso site: www.integrareeditora.com.br

Abraçados uns aos outros!

Somos todos anjos com apenas uma asa...
E só podemos voar quando abraçados
uns aos outros!

Embora essa frase, sem autor definido, possa parecer ingênua para muitos, ela sintetiza, de forma simples, três coisas: o espírito que permeia este novo livro da Integrare Editora – *Confiança: a chave para o sucesso pessoal e empresarial* –, todo o nosso trabalho na Childhood Brasil e, em última instância, a vida sobre a Terra.

Tudo, se pensarmos bem, é confiança, é fé na natureza e nas pessoas, num sentido mais amplo: do pãozinho que comemos pela manhã aos túneis e pontes que atravessamos; dos aviões, táxis e navios, que tomamos para viajar e nos locomover, à água que bebemos; dos médicos e dentistas que cuidam de nós às construções que habitamos, tudo é ato de confiança no outro, não é mesmo? A humanidade não deveria perder nunca esse fato de vista, não podemos nos esquecer nem por um segundo dessa verdade!

Antes de me perder em considerações "filosóficas", quero apresentar o braço da World Childhood Foundation que coordeno no Brasil e, principalmente, agradecer a oportunidade e a contribuição financeira que nos estão sendo dadas pela Integrare Editora, através destas páginas tão úteis. Para tanto, quero contar um pouquinho de nossa atuação social e dos projetos que apoiamos – os quais, como os corajosos autores deste livro, muitas vezes "nadam contra a corrente".

Somos o Instituto WCF-Brasil, ou Childhood Brasil, ONG que desde 1999 luta no país pela proteção da infância contra o abuso e a exploração sexual.

Com participação em 60 projetos – promovidos em 16 Estados da Federação – e atuação direta em dez programas estratégicos de impacto regional ou nacional, o WCF-Brasil já beneficiou, ao longo de sua história, mais de 700 mil crianças, adolescentes, jovens, familiares e profissionais de atendimento.

Pensando bem, o que a Integrare Editora nos deu de presente, ao nos outorgar este espaço no livro, foi mesmo o resgate do nosso maior papel social, pois falar sobre confiança, confiança mútua, confiança na família, nas relações pessoais e no trabalho, confiança na sociedade e no futuro é que é, de verdade, o alimento do nosso dia-a-dia, o ingrediente maior da nossa missão.

Queremos registrar os nossos sinceros parabéns aos autores e à editora pela escolha do tema e pela ousadia da abordagem, num mundo tão competitivo e desconfiado de tudo e de todos.

Mas é ao leitor que vai a nossa maior homenagem: a você, que comprou ou ganhou esta obra e agora irá lê-la, o nosso abraço, aquele abraço confiante, que nos permitirá voar!

Ana Maria Drummond
Diretora-executiva – Childhood Brasil – www.wcf.org.br

Prefácio

Leila Navarro e José María Gasalla se uniram para publicar este livro instigante sobre a confiança e a fundamental importância dessa qualidade para o sucesso pessoal e empresarial. Esta obra é essencial para quem quer compreender os fatores básicos que alicerçam qualquer sucesso, sob qualquer ótica. É um livro que todo escritor perspicaz gostaria de ter escrito e que todo leitor inteligente aguardava.

Durante alguns anos, como contabilista que sou, lecionei em cursos de contabilidade, e vejo que até do ponto de vista contábil os autores foram muito felizes ao explorar a confiança como chave do sucesso, pois o que mais falta no mundo de hoje, a pessoas e empresas, é credibilidade. Pessoas e empresas nos parecem mais devedoras que credoras. Em pesquisas que fazemos em nossa atividade de antropologia corporativa, vemos que o grande anseio do mundo moderno é que as pessoas e suas empresas "cumpram o que prometem".

A etimologia da palavra crédito é "confiança": crédito = crer, do latim *creditum, credere*. A função do crédito é transferir riquezas. Portanto, sendo o crédito uma relação de confiança, ninguém é obrigado a conceder crédito a quem não "acredite". Só pessoas com credibilidade, críveis, acreditadas, é que podem ter sucesso, recebendo a riqueza – seja material ou não-material – da sociedade.

E, como a cada crédito corresponde um débito – como nos ensinam as partidas dobradas em contabilidade –, só pessoas credoras – que fazem mais do que outras esperam delas – podem ter sucesso. E, como não pode haver crédito sem débito, do outro lado, do lado do fracasso, estão os devedores, os debilitados, os débeis, os claramente fracassados. A chave, portanto, é a confiança. A chave é ser e estar sempre credor, aumentando todos os dias a credibilidade.

É justamente dessa credibilidade, dessa confiança que fala este maravilhoso livro de Leila Navarro e José María Gasalla, dois expoentes no estudo do ser humano, da gestão empresarial e dos fatores que levam pessoas e empresas a obter sucesso consistente e, portanto, duradouro.

Nesta obra o leitor aprenderá com Leila os caminhos da confiança e da desconfiança, desde a mais tenra idade dos seres humanos nas sociedades complexas, e os desafios de passar "da confiança nata à desconfiança aprendida", como ela mesma nomeou o primeiro capítulo da segunda parte deste livro. "E assim fazemos da desconfiança a muralha que nos separa dos perigos do mundo exterior. Mas até que ponto ela nos protege e até que ponto nos aprisiona?" (página 29).

Com uma visão acurada do mundo empresarial e de sua realidade concreta, Gasalla mostra o quanto a ausência de confiança pode comprometer o sucesso empresarial. Numa abordagem estruturalista das mais interessantes, Gasalla trabalha com as dualidades opostas do mundo empresarial e nos faz pensar, como um Lévi-Strauss corporativo, como viver essa dualidade simbólica e ao mesmo tempo concreta do cru e do cozido, do dia e da noite, do fora e do dentro. Essas dualidades estruturais – base das sociedades – são trazidas para a reflexão do leitor de maneira rica e exemplificada por Gasalla. A riqueza de sua análise sobre a dualidade confiança-medo no ambiente de trabalho é sensacional.

E a riqueza do livro não se esgota. Quando Leila trata do tema "Criando confiança", ela nos apresenta um conjunto de casos concretos que ilustram de maneira clara o que a confiança e seu antônimo podem ocasionar na vida pessoal, no sucesso profissional e na construção da auto-estima.

E o leitor ficará ainda mais surpreso ao ver que esta obra, além da inteligente discussão do tema, transforma-se num verdadeiro manual para a aplicação prática de seus conceitos. O modelo "Gestão por Confiança (GpC)" apresentado por Gasalla pode e deve ser estudado e aplicado nas empresas dos leitores. O estudo e a aplicação dos "10 C" de Gasalla podem conter a chave prática do sucesso: "A tese com que venho trabalhando na GpC é que, na medida em que as pessoas incorporam essas competências ao seu comportamento, constrói-se ao longo do tempo um espaço e um clima de confiança nas organizações. A partir daí começam a surgir os resultados, e [...] mais se fortalecem essas atitudes na organização" (página 93).

Esta obra é tão rica e sua leitura tão deliciosa e encantadora que prefaciá-la é um enorme desafio, pois muito dela se poderia comentar para incentivar o leitor a fazer uma leitura atenta, estudada, comentada e anotada de todas as suas páginas. Cumprimento os autores e – mais que a eles – a nós, leitores, premiados com esta magnífica obra de reflexão sobre a confiança.

Luiz Marins
Antropólogo, palestrante e consultor empresarial
Inverno de 2007

Sumário

1 Introdução

Nadando contra a corrente 14

2 Um mundo de desconfiança

Da confiança nata à desconfiança aprendida . . 18

A falta de confiança compromete
o sucesso da empresa 31

3 Criando confiança

O resgate da confiança 58

O modelo Gestão por Confiança (GpC) 82

4 Empresas que cultivam a confiança

Grupo Accor 111

Human Management Systems 127

5 Conclusão

A utopia possível 138

Confia! 147

Sobre os autores 149

Introdução

1

Nadando contra a corrente

Seguir na vida sem confiança é impossível.
É como estar aprisionado na pior de todas
as celas – você mesmo.

GRAHAM GREENE

Por que falar de confiança em um mundo onde reina a desconfiança? Pelo mesmo motivo por que se fala de água quando se está com sede ou de saúde quando se está doente. Muitas vezes, só falamos de alguma coisa quando sentimos que ela nos falta. Assim acontece com a confiança.

Tem sido complicado viver sem ela. O mundo parece cada vez mais ameaçador à nossa segurança, e precisamos tomar uma série de precauções para nos defender. Não atendemos telefonemas a cobrar, suspeitamos das mensagens de e-mail, andamos em carros de vidros escuros, precisamos saber com quem nossos filhos saem. Em tudo o que se refere a pessoas desconhecidas, desconfiar é a regra – e essa regra também se volta contra nós. Incontáveis olhos eletrônicos nos espreitam onde estivermos: no supermercado, no elevador do prédio, no posto de gasolina, na rua. Somos revistados nos aeroportos, passamos por detectores de metais nas portas dos bancos. Há muito deixamos de ser cidadãos acima de qualquer suspeita. Aliás, hoje todos são cidadãos sob suspeita.

No ambiente de trabalho a desconfiança costuma ser mais disfarçada, mas nem por isso deixa de existir. A intensa competição por poder e ascensão na hierarquia das empresas faz do colega da mesa ao lado nosso adversário em potencial e do chefe um obstáculo a ser transposto. Somos cooperativos, participativos e comprometidos como querem as organizações? Sim, sim, *pero no mucho*. Afinal, no mundo corporativo, onde reina a lei do cada um por si, não compartilhar tudo o que se tem, não dizer tudo o que se sabe e não acreditar em tudo o que se ouve são estratégias de sobrevivência. E poderia ser diferente, se a própria organização também dá a entender que não confia completamente em nós? Se confiasse, não haveria tantos controles, regras e procedimentos para seguirmos.

Como se isso não bastasse, a tônica do mundo moderno é a mudança em ciclos cada vez mais curtos. O que é hoje poderá não ser mais amanhã; tudo se transforma de uma hora para outra, provocando ansiedade e incerteza quanto ao futuro. Nossa falta de confiança se volta contra instituições, planos, governos, projetos, acordos – e até contra nós mesmos, pois também somos afetados pela velocidade das mudanças e muitas vezes duvidamos de nossa capacidade de nos adaptar às novas circunstâncias para continuar tendo sucesso ou simplesmente sobreviver. É preciso ficar atento, pois até naquilo que parece insuspeito pode haver algum tipo de ameaça à nossa estabilidade e segurança.

Nesse contexto, falar de confiança realmente parece contradição, já que confiar implica abrir mão de nossas defesas e controles, colocar nossos recursos à disposição do outro e acreditar que ele não se utilizará disso para levar vantagem sobre nós nem nos prejudicar. Significa acreditar nos discursos e promessas que nos fazem, e isso é tudo o que não queremos!

Ocorre que tanta falta de confiança, que se expressa na atitude da desconfiança, tem sérios efeitos colaterais. A desconfiança isola as pessoas, impede que experimentem e arrisquem, restringe sua expansão. Ao limitar o crescimento pessoal e profissional dos indivíduos, acaba também comprometendo os resultados das organizações, que cada vez mais necessitam de pessoas dispostas a assumir riscos, abertas a novas experiências, criativas, entusiasmadas e com iniciativa. Desconfiança é, enfim, um jogo de soma negativa, no qual não há ganhadores. Ou melhor, no qual todos perdem: perde quem desconfia, perde quem é alvo de desconfiança. Mas será que as coisas podem continuar assim? Nós dois estamos convictos de que não.

Neste livro, defendemos a tese de que a confiança precisa ser resgatada e apontaremos alguns dos vários caminhos que podem levar a isso, pois entendemos que ela é fator decisivo na performance de profissionais e organizações no mundo globalizado. No âmbito individual, a confiança predispõe a sonhar com objetivos mais elevados, ousar, enfrentar desafios, assumir riscos, desenvolver-se, expandir-se. Na esfera organizacional, estimula as pessoas a relacionar-se de maneira mais aberta e franca, compartilhar experiências e conhecimentos, comprometer-se com os objetivos da empresa, engajar-se na solução de problemas e participar dos processos decisórios.

Ante a realidade que vivemos, confiar é o oposto daquilo que o senso comum nos aconselha a fazer, é nadar contra a corrente. Mas, por incrível que possa parecer, é justamente nadando contra a corrente que podemos chegar mais rápido e com menos esforço a nossos objetivos.

Leila **Navarro**   José María **Gasalla**

Um mundo de desconfiança

2

Da confiança nata à desconfiança aprendida

*Se eu perder a confiança em mim mesmo,
terei o Universo contra mim.*

RALPH WALDO EMERSON

Surgimos em um lugar quente e aconchegante, onde nossas necessidades são atendidas automaticamente e uma presença constante nos envolve com seus movimentos e voz. Gozamos de um estado de unidade e sincronicidade com o Universo que nos supre, sem distinguir onde nós terminamos e ele começa. Não há desejo, nem frustração, nem tempo ou espaço. Simplesmente existimos.

Um dia, uma grande mudança acontece. Luz, frio, a sensação de estar em outro espaço, o elemento ar invadindo nossos pulmões. Por instantes, perdemos o contato com aquela presença. Mas nossa angústia termina quando ouvimos de novo sua voz e sentimos seu calor. Que alívio, ela continua conosco! Nós nos acalmamos e sabemos que vamos ficar bem.

Como costuma dizer o biólogo chileno Humberto Maturana, nascemos na confiança. É uma confiança instintiva, de que seremos cuidados e protegidos, de que nada nos faltará. Confiamos no colo que nos acolhe, no seio que nos alimenta, na voz que nos é tão familiar. Nossa vida de recém-nascidos é quase a continuidade da vida intra-uterina, com a diferença de que nós e nossa mãe não ocupamos mais o mesmo lugar. Ainda assim, nos sentimos parte dela. É só termos alguma necessidade e ela nos atende prontamente, nos acalma e conforta. Ah, que deliciosa sensação de plenitude! É o mundo a nossos pés, como até então sempre foi.

Quer a natureza, porém, que nos tornemos seres autônomos, e isso implica dar-nos conta de que somos indivíduos com necessidades, vontades e motivações próprias – e freqüentemente diferentes das de outras pessoas, quando não contrárias. Em um primeiro momento, começamos a perceber que não somos nossa mãe. Ela nos coloca sozinhos no berço, em certas ocasiões demora um pouco para vir quando chamamos, às vezes até parece não querer dar o que desejamos. Mas não somos nada tolos! Temos uma percepção aguçada e, a partir das respostas que obtemos no relacionamento emocional com ela, começamos a "entender" o mundo.

O sorriso, as palavras carinhosas e os afagos maternos nos fazem sentir bem, e logo associamos manifestações de afeto e receptividade com a confiança. Gradativamente, aquela confiança instintiva com que nascemos começa a se sofisticar, a responder a diferentes apelos e a ser testada com outras pessoas também. Aprendemos a confiar em quem demonstra gostar de nós ou estar aberto para nós; é um fenômeno emocional, baseado em empatia, sensações e sentimentos. E quando a pessoa não parece amistosa, tem uma cara esquisita ou um jeito estranho? Não vamos para o colo dela de jeito nenhum, e é bom não insistir, senão choramos. É o germe da desconfiança surgindo em nós.

Que bom seria se o mundo fosse assim tão simples: confiar nas pessoas amorosas, não confiar nas mal-encaradas... O fato é que a realidade é bem mais complicada. Aqueles em quem confiamos às vezes se mostram indiferentes ou irritados, negam o que queremos, não agem de acordo com nossa vontade. Isso nos confunde tanto! Mas, é claro, somos muito perspicazes e desenvolvemos estratégias para conseguir o que queremos, seja atenção, um afeto ou objeto material. A partir do relacionamento com as pessoas mais próximas, testamos e desenvolvemos um conjunto de comportamentos que geram os retornos desejados. E assim começamos a construir nossa personalidade e a perceber que para ter nossas necessidades atendidas e obter o que desejamos não basta confiar: é preciso também que os outros confiem em nós.

Conforme crescemos, entendemos cada vez melhor que a confiança não está apenas relacionada a nossos instintos e sentimentos, mas também às nossas atitudes em relação aos outros e às dos outros em relação a nós. Entendemos que confiança se conquista, se inspira e se constrói num plano de interesses em comum, objetivos compartilhados, afinidades de valores, respeito e consideração. É a confiança baseada na razão.

Bela trajetória, não? Teoricamente, é assim que desenvolvemos o senso de confiança, mas na prática o processo é bem mais complicado. Dependendo das influências que recebemos, experiências que temos e conclusões que tiramos, iremos nos tornar seres mais ou menos confiantes, mais ou menos desconfiados, mais ou menos bem resolvidos com relação a nós mesmos, aos outros e à vida. De modo geral, pode-se dizer que guardamos a confiança para umas poucas pessoas que conhecemos bem e desconfiamos de todo o resto. Mas, se nascemos na confiança, o que nos faz ficar assim?

Confiança básica

Entender as raízes da confiança (e da falta dela) em nossa vida me levou a estudar textos de psicólogos do século XX que lançaram as bases para a compreensão do nosso comportamento. Entre as várias teorias e abordagens que existem, adotei a do psicólogo alemão Erik Erikson (1902-1994) para fazer um paralelo com minhas idéias e percepções. Ele identificou oito fases no processo de amadurecimento do ser humano, das quais as cinco primeiras são essenciais para o desenvolvimento do senso de confiança, em meu modo de ver.

Erikson chamou o período do nascimento até 18 meses de *fase da confiança básica x desconfiança básica*. Como somos incapazes de entender racionalmente o que se passa à nossa volta, apenas reagimos emocionalmente. Para nós, a realidade é polarizada: ou estamos no prazer ou na angústia, no aconchego ou no desconforto, na segurança ou no medo. Assim, se vivermos em um ambiente acolhedor, formos logo atendidos quando choramos, bem cuidados, amados e nutridos por nossa mãe, entenderemos instintivamente que podemos confiar nela e que nossas necessidades serão satisfeitas. Recebemos dessa forma os primeiros estímulos para projetar confiança nas pessoas e no mundo. Por outro lado, na medida em que não obtivermos a atenção, o carinho e os cuidados desejados, desenvolveremos sentimentos de insegurança, rejeição e desmerecimento, descrença na vida e no futuro. Psicólogos dizem que em situações extremas de falta de confiança básica, as pessoas são levadas a cometer suicídio.

Na época de Erikson, a psicologia ainda não havia investigado muito as influências da vida intra-uterina no comportamento humano. Se ele ainda estivesse vivo, talvez dissesse que a confiança básica começa a se desenvolver dentro do útero, pois hoje sabe-se que algumas experiências que temos nessa fase podem influir em nosso comportamento, como explica a psicóloga clínica Odila Weigand. "Se a mãe passa uma gravidez tranqüila, o feto se sente ótimo; se ela passa por estresse, uma doença ou um problema mais sério, ele também sente esse mal-estar. A química da mãe afeta o filho, gerando desconforto, e, como ele não é capaz de compreender isso, registra o desconforto como perigo."

O que chama a atenção na maneira como Erikson descreve o desenvolvimento da confiança básica é a relação direta que ela tem com o amor. Afinal, atenção, cuidado, nutrição e aconchego nada mais são do que manifestações amorosas daqueles que nos cercam. Bem no começo da vida, o amor nos faz acreditar que as outras pessoas não nos prejudicarão e a vida nos trará o que precisarmos: é o que nos ensina a confiar!

Autoconfiança

Depois da *fase da confiança básica*, as três que se seguem, em meu ponto de vista, têm tudo a ver com a aquisição da autoconfiança. Uma é a *fase da autonomia x vergonha*, de 18 meses até 3 anos de idade, em média. É nela que adquirimos controle motor e desenvolvemos habilidades básicas, o que gera um sentimento de auto-estima. Começamos a manifestar mais nossas vontades e batemos de frente com nossos pais: nos recusamos a comer certas comidas, não queremos ir cedo para a cama, dizemos não para tudo, ficamos teimosos e malcriados. É normal que assim seja, porque estamos desenvolvendo a autonomia e exercitando o poder de escolha. Psicólogos dizem que se uma criança for muito reprimida nessa fase ou sofrer constrangimentos na aquisição do controle motor – se for obrigada a tirar as fraldas antes de conseguir controlar as necessidades fisiológicas, por exemplo –, poderá desenvolver um sentimento de vergonha e dúvida quanto às suas capacidades.

Segue-se a *fase da iniciativa x culpa*, que vai dos 3 aos 5 ou 6 anos. É nessa idade que começamos a desejar ser como os adultos e, ao mesmo tempo, nos tornar mais independentes deles. Vestimos as roupas dos nossos pais e os imitamos em seus trabalhos, brincamos de casinha e de super-heróis, queremos dirigir carros. A identidade sexual e o complexo de Édipo também são dessa fase, e nos "apaixonamos" pelo pai ou pela mãe. É importante que nossos desejos e objetivos não sejam reprimidos nessa etapa, pois com isso desenvolvemos o sentimento de culpa.

Há ainda a *fase da realização x inferioridade*, dos 6 aos 12 anos, quando somos iniciados na educação formal, começamos a adquirir conhecimento, resolver problemas e realizar tarefas. Temos muita satisfação em produzir coisas e ser reconhecidos por nossas capacidades. Nessa delicada fase em que o relacionamento social começa a ter importância, os outros tornam-se uma referência para nós. Por isso, dependendo do tipo de interação que temos e das respostas que obtemos dos outros, podemos desenvolver os sentimentos de inferioridade e inadequação.

É impressionante olhar para trás e ver todos os desafios por que passamos, não? Realmente, a confiança instintiva com que nascemos precisa se desenvolver para que sejamos capazes de confiar em nós mesmos. E quanta coisa pode acontecer nessa trajetória e dificultar a aquisição de autoconfiança e auto-estima... Não é de estranhar que tantas pessoas não tenham esses atributos suficientemente desenvolvidos – o que é um problema maior do que parece, pois a falta de autoconfiança compromete a confiança de uma maneira geral. Se não confiamos em nós mesmos, nos sentimos vulneráveis aos outros e temos dificuldade em confiar neles; temos também dificuldade em realizar nossos objetivos, sofremos fracassos e passamos a não confiar na vida. Isso reforça a falta de autoconfiança, que leva a desconfiar mais dos outros e da vida... E assim a espiral da desconfiança se instala em nós.

Crenças e conceitos adquiridos

Se às considerações da psicologia acrescentarmos o que diz a neurociência, teremos uma visão mais ampla das causas que nos levam a ter problemas de autoconfiança. Segundo a neurociência, nosso cérebro registra tudo o que gravamos nele, seja verdadeiro ou falso, positivo ou negativo, e a partir desses registros constituem-se as crenças que influenciam nossos comportamentos e conceitos.

No início da vida, o cérebro é como um disco rígido de computador completamente vazio. Então, conforme crescemos e temos as típicas experiências de tentativa e erro da infância, gravamos nesse disco o *feedback* que recebemos das outras pessoas. Podem ser retornos positivos e encorajadores como "não faz mal que você derrubou o leite, vamos limpar o chão e pegar outro" ou "tudo bem, da próxima vez você poderá fazer certo" ou "você é inteligente, estude um pouco mais e irá melhor na prova". Mas também podem ser retornos arrasadores para a autoconfiança. Derrubamos o leite e ouvimos: "Você é tão desastrado!" Cometemos um erro e perguntam: "Por que você não faz nada certo?" Tiramos notas baixas e nos advertem: "Se você não for bem na escola, nunca terá um bom trabalho quando crescer".

O que também nos influencia, e muito, são as crenças e conceitos que absorvemos do ambiente em que vivemos, especialmente do lar. Passar a infância ouvindo dizerem que "a vida é dura", "nascemos para sofrer", "quando a esmola é muita o santo desconfia", "não se pode confiar nos outros", "não dá para ser feliz o tempo todo", "a sorte sorri apenas para alguns" e coisas do gênero, é o suficiente para nos fazer duvidar de nossa capacidade de ser bem-sucedidos e nos tornar desconfiados em relação aos outros.

Identificação com modelos

Em paralelo com o desenvolvimento da autonomia e da confiança, vamos construindo nossa personalidade, que é a imagem que projetamos para o mundo. Esse é um processo que também recebe a influência dos outros: nos definimos pelo que eles dizem a nosso respeito e ao mesmo tempo nos espelhamos neles para nos definir.

Parece exagero afirmar que o que os outros falam nos define, mas é realmente o que acontece. Desde cedo ouvimos as pessoas mais próximas dizerem que puxamos ao pai ou à mãe em tudo, ou que somos o oposto de nosso irmão mais velho, ou que somos tímidos, ou espertos, ou chorões, ou bagunceiros, ou comportados, ou isso, ou aquilo. Também nos dizem como devemos ser e apontam modelos de conduta para seguirmos: "Por que você não faz uma letra bonita como a da sua prima?", "você devia ser bem comportado como o seu coleguinha", "viu só, aquele menino não chorou para tomar injeção".

De tanto ouvir sugestões de como devemos ser, nós as aceitamos. Nem todas, é claro, mas muitas delas. Afinal, temos a necessidade de ser amados e reconhecidos, e se para isso for preciso agir dessa ou daquela maneira, vamos lá! Adotamos modelos de conduta que no começo da vida são muito importantes, pois nos ajudam a estruturar comportamentos socialmente adequados, distinguir o certo do errado, enfim, ter alguns parâmetros de atitude.

Chega um momento, porém, em que os modelos de conduta precisam ser revistos: a adolescência, que Erikson chama de *fase da identidade x confusão*. Rompemos com a idéia de que somos "filhinhos da mamãe e do papai", ficamos rebeldes, questionamos tudo o que nos ensinaram e repudiamos a idéia de ser controlados. Internamente, estamos nos perguntando "quem sou eu?", tentando encontrar nossa identidade e ideais. Quem dera, nessa saudosa idade, tivéssemos maturidade para tudo isso... O que acontece mesmo é que continuamos apegados a modelos, talvez não mais de conduta, e sim de sucesso.

Não é porque estamos nos tornando adultos que deixamos de ter a necessidade de ser aceitos e reconhecidos – e agora não só pela família, mas também pela sociedade. Estamos condicionados a nos espelhar nos outros e continuamos escolhendo modelos que sirvam de referência para nossa identidade. Sonhamos ser como a garota escultural que sai na capa da revista, a atriz famosa que vive um romance de conto de fadas, o roqueiro ou o jogador de futebol que ganham rios de dinheiro. Ainda que estejamos muito longe desses modelos, tentamos pelo menos ter algumas características deles, nem que seja o corte de cabelo ou o jeito de se vestir.

Os anos passam e os modelos incorporam novas qualidades, refletindo nossos novos interesses. E chegamos à idade adulta desejando obter os mesmos resultados de pessoas bem-sucedidas, ricas e admiradas, que são uma referência para nossa vida.

Receitas de sucesso

A questão dos modelos de sucesso está estreitamente ligada à da confiança, embora à primeira vista não pareça. Quando adotamos o sucesso dos outros como referência para nossa vida, a tendência é fazer o mesmo que eles fazem para alcançar aquele sucesso. Nosso modelo é o executivo de alto salário e plenos poderes? Então desenvolvemos as competências que ele tem e trabalhamos pelo menos 12 horas por dia, já que para chegar lá ele trabalhou muito. É o profissional celebrado e altamente reconhecido, que dá palestras e escreve colunas em revistas? Vamos descobrir os cursos que ele fez, ler os livros que recomenda e nos relacionar com as mesmas pessoas de seu *networking*. É o empresário que começou do zero e construiu um grande império? Temos de conhecer sua trajetória de vida e nos inspirar nas lições que ela ensina.

Mas será que seguir a receita dos modelos de sucesso é garantia de bons resultados? Não é o que parece. As classes de MBA e pós-graduação das universidades estão lotadas de profissionais que almejam a direção da empresa em que trabalham, mas quantos deles realmente chegarão lá? Milhares de empresários já leram os livros de Jack Welch, o legendário expresidente da General Motors, mas quantos conseguiram promover o crescimento espetacular de seus negócios?

O fato é que, apesar de todos os esforços que fazemos, nem sempre as coisas ocorrem como planejamos. E nem podem ocorrer, porque tentamos viver a vida dos outros em vez da nossa. Nós nos dedicamos a desenvolver os talentos dos outros, não a reconhecer e burilar os nossos. Utilizamos soluções que funcionaram para os problemas alheios em lugar de criar soluções para os nossos. Perseguimos as oportunidades que surgiram para os outros e não vemos as que surgem para nós.

Some-se a isso a falta de autoconfiança e o resultado não poderia ser outro: encontramos inúmeras dificuldades, a vida não flui e o sucesso não vem. Questionamos por que as coisas não dão certo, e as respostas que obtemos são nada mais que o eco das velhas crenças que adquirimos a respeito de nós mesmos e da vida. "O sucesso é para poucos." "Não sou bom o suficiente." "Os outros só querem puxar o meu tapete." "Não tenho sorte." "A vida é dura" etc. etc.

A falta de confiança e a identificação com modelos nos impedem de obter os resultados que desejamos, o que confirma nossas crenças negativistas, o que reforça a falta de confiança, o que nos impede de obter resultados...

A quebra do círculo

Considerando que o comportamento até aqui descrito é o do ser humano comum – e há quase 7 bilhões deles por aí –, não é à toa que em nosso mundo seja tão difícil construir e manter relacionamentos baseados em confiança.

É um mundo que tem crescido a uma velocidade assustadora, fazendo crescer, na mesma proporção, a idéia de que não há recursos nem oportunidades suficientes para todos. Compete-se cada vez mais e por tudo: dinheiro, emprego, poder, informação, clientes, influência, fatias de mercado, liderança, melhores condições de vida. Para complicar a situação, é um mundo em que as coisas acontecem cada vez mais rápido, e mudanças freqüentes provocam insegurança e incerteza quanto ao futuro.

Tudo isso nos faz viver em permanente estado de alerta e adotar atitudes defensivas, para não ser prejudicados nem passados para trás pela concorrência. Nossa falta de confiança é generalizada e se estende a estranhos, colegas de trabalho, governos, instituições, projetos, empresas, mudanças, enfim, qualquer coisa que possa representar algum tipo de ameaça à nossa estabilidade ou segurança.

E assim fazemos da desconfiança a muralha que nos separa dos perigos do mundo exterior. Mas até que ponto ela nos protege e até que ponto nos aprisiona? Enquanto vivemos seguros aqui dentro, o que estamos deixando de viver lá fora? Poderemos ser pessoas autoconfiantes, realizadas e felizes nos limites de nossa muralha ou para isso teremos de nos aventurar para além dela?

A situação é no mínimo contraditória, pois enquanto desconfiamos para não ser passados para trás não conseguimos ir em frente. A desconfiança nos aconselha a ficar nos limites do conhecido, a evitar riscos e a nos fechar para os outros, ao passo que o mundo de hoje – especialmente no que diz respeito à carreira profissional – requer abertura para o desconhecido, coragem para arriscar e integração com as pessoas. Basta ver o perfil de profissional que as empresas desejam contratar: gente com iniciativa, flexibilidade, bom relacionamento, capacidade empreendedora... Essas características são de uma pessoa confiante ou desconfiada?

É bem verdade que, embora desejem profissionais autoconfiantes, as empresas em geral também não confiam nem inspiram confiança – e isso será tratado em detalhes mais adiante. Você poderia argumentar que um clima organizacional de desconfiança é como um balde de água fria para qualquer um, pois pouco adianta ser confiante quando ninguém está disposto a confiar em você. O problema é que esse raciocínio só faz perpetuar o círculo vicioso da desconfiança em nosso mundo. Enquanto continuarmos a pensar que "ninguém merece confiança, eu não confio em ninguém e ninguém confia em mim", seremos como o cachorro que corre atrás do próprio rabo e não chega a lugar nenhum.

Esse círculo precisa ser rompido, e isso só pode ser feito a partir de nós mesmos, de nosso interior. A empresa, a comunidade, a sociedade nada mais são do que um grande espelho coletivo a refletir os problemas e as contradições de cada um de nós. Precisamos resgatar a plenitude de nossa autoconfiança e parar de projetar desconfiança nos outros e na vida.

◈

A falta de confiança compromete o sucesso da empresa

A confiança é o líquido lubrificante que torna possível o funcionamento das organizações.

WARREN BENNIS

Vimos até aqui as circunstâncias pelas quais as pessoas incorporam a desconfiança e como isso afeta seus relacionamentos, a vida em sociedade, o mundo enfim. E, como não poderia deixar de ser, esse ambiente de não-confiança generalizada reflete-se no ambiente das organizações.

Costumo trabalhar com um modelo que chamo de "A⁶", derivado dos binômios que, em espanhol, escrevem-se *antes-ahora*, *arriba-abajo*, *afuera-adentro*. Traduzindo e explicando: o que foi *antes* é *agora*, o que é *em cima* é *embaixo*, o que é *fora* é *dentro*. "O que foi antes é agora" significa que, para entender os motivos por que certas coisas acontecem no presente em determinada organização, é preciso olhar para o passado. Em espanhol, temos uma expressão que ilustra bem isso: "Este lodo provém daquela poeira". De fato, quando nos chamam para um trabalho de consultoria, a primeira coisa que fazemos é aplicar uma ferramenta chamada "chave histórica" e revisitar o passado da organização.

"O que é em cima é embaixo", já dizia o livro sagrado Kybalion, refere-se à influência que a atuação dos ocupantes do topo exerce sobre os demais membros da organização. A cultura organizacional se cria a partir dos comportamentos do número 1 – e esses comportamentos, para o bem ou para o mal, se estendem e se reproduzem por toda a organização. Várias vezes deparei com executivos que, antes de agir, olham para cima na tentativa de adivinhar o que seus superiores fariam naquela situação, o que é um traço típico de organizações com um baixo nível de confiança.

O último binômio, "o que é fora é dentro", refere-se à influência da sociedade na empresa. E que sociedade é essa?

- A *sociedade imediatista*, na qual a velocidade dos acontecimentos é muito rápida e há um senso de urgência em fazer as coisas. As tarefas não são mais para amanhã: são para ontem. É inconcebível fazê-las com calma, o que produz grande ansiedade nas pessoas e chega a neurotizar as organizações. Em resumo, quem corre está parado.
- A *sociedade virtual*, de coisas que não podemos tocar nem ver, mas existem. Elas estão por aí, em todo lugar, e ao mesmo tempo não estão em lugar algum: lojas virtuais, escolas virtuais, ambientes virtuais e até mesmo parceiros sexuais virtuais. Ultimamente, inclusive, as pessoas chegam a criar uma vida virtual, como no game de internet Second Life.
- A *sociedade reducionista*, em que, como assinala Manuel Castells, tudo o que importa se resume a átomos (a dimensão material), bits (a dimensão tecnológica) e dólares (a dimensão econômica). Parece que nada mais importa além

disso, o que é uma perspectiva muito reducionista do ponto de vista das possibilidades e da existência humanas.

- A *sociedade da acessibilidade*, como denominada por Jeremy Rifkin, a qual permite, pelos meios eletrônicos, que tenhamos acesso instantâneo ao conhecimento disponível em qualquer lugar do mundo.

- A *sociedade da hiperinformação*, na qual lidamos com um volume excessivo de dados. As decisões dependem hoje da análise de tanta informação que está ficando cada vez mais complexo decidir e há o perigo de chegar "*a la parálisis por el análisis*", fazendo um trocadilho em espanhol. Cada vez mais, cresce a importância de selecionar e discriminar a informação.

- A *sociedade da diversidade*, que é cheia de possibilidades e ao mesmo tempo nos desafia a conviver com o diferente – com pessoas de outras nacionalidades, idiomas, credos, costumes, crenças e tradições. Para usufruir dos benefícios que a diversidade traz, temos de sair de nossa zona de conforto, que geralmente se limita ao conhecido.

- A *sociedade da insegurança*, do terrorismo, da violência urbana, da instabilidade econômica, do desequilíbrio climático, das guerras. Essa é, e tudo indica que continuará sendo, a realidade do mundo futuro. O trabalho de cada um de nós será ampliar sua autoconfiança, como foi destacado no capítulo anterior, e a capacidade de lidar com situações de incerteza, novidade e crescente complexidade.

- A *sociedade dos acontecimentos inacabados*, denominação que utilizo em meu livro *A nova direção de pessoas* para designar os breves ciclos de vida dos produtos, procedimentos e tecnologias. Mal começamos a usar um novo software, por exemplo, e já nos dizem: "Deixe isso para lá, existe outro mais moderno que vamos implantar aqui na empresa". É um fenômeno interessante, já que cria a necessidade de "desaprender para aprender", o que contribui para o aumento da fluidez neuronal.

A complexidade desses cenários coloca as organizações em um turbilhão de acontecimentos: mudanças constantes, associações e fusões com outras empresas, ingresso em novos mercados, freqüentes reorganizações internas, necessidade de adaptar-se a culturas diferentes, acirramento da competição e outros. A incerteza e a percepção dos riscos dos negócios crescem cada vez mais, afetando negativamente o nível de confiança no ambiente das organizações.

Uma amostra significativa desse fenômeno é o levantamento realizado pelo instituto internacional de pesquisa GlobeScan, apresentado no Fórum Econômico Mundial de 2006. Foram ouvidas pessoas de 14 países, entre eles Brasil, Argentina, Canadá, Alemanha, Estados Unidos, Itália e Inglaterra. A pesquisa mostra que em 2005 a confiança em instituições importantes estava em níveis próximos aos do pós-atentado a Nova York, em setembro de 2001. Em uma escala de – 20 a 40 pontos, a confiança nos governos nacionais era de –15 pontos, enquanto nas empresas multinacionais era de – 9 pontos. As grandes empresas locais tinham 2 pontos, as Nações Unidas, 13 pontos e as ONGs, 29 pontos.

Nesse contexto de desconfiança generalizada, falar em confiança nas organizações é realmente desafiador. Quem está disposto a assumir a vulnerabilidade associada ao ato de confiar? Confiar de que jeito, a que custo, como? Enquanto isso, a falta de confiança acarreta uma série de conseqüências indesejáveis para as empresas, conseqüências que cada vez mais as afastam do nível de desempenho que necessitam ter para sobreviver neste exigente cenário, como veremos a seguir.

Necessidade de controlar

Segundo o conceito anglo-saxão, controle é todo processo de acompanhamento integrado de gestão, que inclui planejamento, execução e avaliação do que foi executado, como um ciclo. Na acepção latina, que é a que uso, trata-se de todo processo de vigilância que implica falta de confiança nas pessoas. Realmente, na América Latina, parte-se da premissa da desconfiança. Chega-se ao ponto de exigir que você comprove que está vivo.

O que se observa nas empresas é que, quanto menos confiança existe, mais controles são necessários. Isso tem um grande impacto financeiro na organização: há estudos que indicam que entre 20% e 30% dos custos de uma empresa estão relacionados direta ou indiretamente a formas de vigilância. Operacionaliza-se o controle de muitas maneiras, como por meio de sistemas de catracas e crachás magnéticos que restringem o acesso do funcionário a certas áreas, registram por onde ele andou, a que horas chegou, a que horas saiu, quanto tempo ficou fora durante o almoço. Usam-se câmeras, monitora-se o conteúdo dos e-mails e por aí vai, como se houvesse um Big Brother corporativo.

O principal e mais utilizado instrumento de vigilância, porém, não é material nem tecnológico: é a ação da chefia, que fica o tempo todo checando o que o funcionário fez ou deixou de fazer simplesmente por não confiar nele. Estima-se que até 30% do tempo dos chefes seja gasto com isso, em prejuízo de atividades mais importantes e estratégicas que lhe são atribuídas, como planejar, impulsionar as mudanças e inovar. Imagine se um maestro ficasse o tempo todo controlando seus músicos, checando se eles estão estudando as partituras e praticando seus instrumentos: que tempo teria esse maestro para fazer novos arranjos ou reger a orquestra? Pois é uma situação similar que ocorre nas empresas, e ninguém se dá conta disso.

Não se trata de eliminar completamente o controle – visto que todo sistema, para funcionar bem, exige algum tipo de mecanismo regulador –, mas de questionar a forma e os meios pelos quais é aplicado. O ser humano é um sistema complexo e imperfeito – duas características terríveis para gerir. Para gerenciar a complexidade, as empresas utilizam modelos matemáticos e sistemas igualmente complexos. Porém, a solução para a complexidade humana, a meu ver, reside na simplicidade – a simplicidade de compreender o outro, comunicar-se com ele, criar empatia. Enfim, de confiar.

Modelos de gestão baseados no medo

O uso intensivo de vigilância é uma característica das organizações em que o medo funciona como instrumento de gestão. Isso deu bons resultados nas empresas estáticas, fechadas e repetitivas do passado, já que a única coisa que as pessoas tinham de fazer era o que dizia o chefe e determinava a norma. Bastava isso para que as coisas dessem certo, o trabalho fosse feito como deveria e se repetissem as ações que haviam dado certo em anos anteriores.

Ocorre que, no mundo competitivo e dinâmico de hoje, as empresas não têm nenhuma garantia de sucesso ao repetir as ações de anos anteriores e tampouco podem utilizar o medo como instrumento de gestão dos talentos que lhes são tão necessários. O medo faz com que as pessoas se fechem, não se comuniquem, não arrisquem, não se desenvolvam, não criem. Sem isso, não há inovação, não há eficiência competitiva, não há sucesso.

Deixar de praticar a gestão baseada no medo não é simplesmente uma questão moral, de certo ou errado: é também uma questão de eficiência e resultados. Pelo mesmo motivo, por exemplo, as empresas praticam a responsabilidade social corporativa, que, sejamos realistas, não é tão aclamada por fazer bem às pessoas, criar uma sociedade mais justa e equilibrada, e sim por motivos econômicos. Se o consumidor percebe que a empresa tem uma atuação social, está preocupada com o bem-estar da comunidade e o desenvolvimento das pessoas, irá comprar mais seus produtos.

Se as empresas não adotam ações progressistas por convicção de que é o melhor a fazer, que seja pela necessidade de seguir uma tendência para a qual não há escapatória. O que importa é que abandonem o medo como instrumento de gestão – do contrário, sua sobrevivência estará seriamente ameaçada.

Dificuldade em atrair e manter talentos

Nos últimos anos, assistimos a pelo menos três grandes guerras por profissionais jovens e talentosos. Na virada da década de 1990, houve uma guerra por talentos financeiros. Entre 1998 e 2000, o foco eram os talentos *pontocom*, em função do *boom* tecnológico que acabou em setembro de 2001. As empresas disputavam esses profissionais acirradamente; tentavam tirá-los das concorrentes de maneiras nem sempre éticas, oferecendo o dobro, o triplo do que eles já ganhavam, como se fosse um leilão. Nesta primeira década do século XXI, há uma nova febre por talentos tecnológicos e sobretudo talentos comerciais, estes bastante raros. Hoje, precisamos de pessoas que tenham grande capacidade de fazer perguntas, escutar o cliente e saber o que ele quer antes de oferecer um produto ou serviço.

Ocorre que atrair profissionais talentosos não é tão simples, e mais difícil é mantê-los. A exemplo do que ocorre em todo o mundo, tem havido na Espanha uma verdadeira caça aos jovens talentos prestes a se diplomar – ainda mais numa fase em que muitas empresas estão dispensando funcionários mais antigos. Cada vez mais, elas têm ido às universidades para se apresentar aos estudantes e mostrar-lhes que são um bom lugar para trabalhar. Como as coisas mudam! Até há alguns anos, as pessoas tinham de se vender às organizações, e agora as organizações é que se vendem às pessoas. Isso coloca em evidência a importância da marca (*branding*) como referência de confiança para o futuro funcionário, bem como para o cliente.

Essa situação é um bom exemplo de como a realidade de *afora* repercute na de *adentro*. Evidentemente, com tanta oferta de emprego, os profissionais talentosos se dão o direito de ser bastante exigentes com relação às condições de trabalho na organização. Não querem trabalhar até oito ou nove horas da noite; querem dispor de tempo para dedicar à família, fazer esportes, cuidar de outros interesses e ter qualidade de vida. São capazes de se comprometer verdadeiramente com os projetos e resultados da empresa, mas só o fazem desde que se sintam em um ambiente no qual se fale a verdade, haja transparência e o discurso dos dirigentes seja coerente com suas ações. A esses profissionais só interessa trabalhar em uma organização na qual possam ser eles mesmos, sintam-se respeitados e escutados – ou seja, um ambiente que lhes inspire confiança.

E, assim, o talento – raro no século XXI – é o dono do poder. Na Espanha, os jovens talentos estão pressionando a cúpula das organizações a criar e manter um clima de confiança. Quando comecei a trabalhar com o modelo de Gestão por Confiança, há alguns anos, a situação era bem diferente. Não havia tanta receptividade ao assunto como existe atualmente, e é com grande satisfação que testemunho essa mudança de mentalidade nas empresas. Não se trata de discutir se a mudança é boa ou não, e sim de assumir que, se as organizações desejam ser atraentes para pessoas talentosas e jovens, precisarão criar um clima de confiança.

Sei que a realidade do Brasil com relação ao desemprego é bem diferente. Aqui faltam empregos e sobram jovens. Mas as empresas também estão em busca de profissionais talentosos, e estes são poucos. A triste verdade é que não só no Brasil, mas em qualquer outro país, uma parte expressiva daqueles que não têm ocupação são "desempregados vocacionais", que preferem ser sustentados pelo Estado a trabalhar – e com eles, infelizmente, não dá para contar. Há também uma alta porcentagem de pessoas medíocres, que não têm preparo nem talento. Como professor de universidade, constato com tristeza que muitos jovens não aprenderam a pensar, interpretar a realidade que os cerca e interferir nela. Que dizer então daqueles que nem na universidade estão? É realmente uma pena.

Na verdade, em qualquer lugar do mundo, profissionais talentosos são escassos. Justamente por ser mais disputados, exigem as condições de trabalho que desejam para si, e, se não as encontrarem, simplesmente vão embora.

Falta de comprometimento

Para sobreviver no competitivo mundo globalizado, as empresas precisam ter gente comprometida com os objetivos organizacionais. Exortam seus funcionários a "vestir a camisa", "dar o seu melhor", buscar continuamente o autodesenvolvimento e a superação e tudo o mais. Procuram estimular a fidelidade com promoções de carreira, prêmios e outros mecanismos recompensadores. Só se esquecem de que, para criar o vínculo que desejam com os funcionários, precisam oferecer a eles um ambiente de confiança.

Se a organização não dá confiança às pessoas, as pessoas não dão confiança à organização, não criam comprometimento com ela e a abandonam na primeira oportunidade que tiverem. Ocorre com as empresas algo semelhante ao que ocorre com as famílias. Se a família faz com que os filhos se sintam estimados e respeitados, tenham abertura para discutir as regras, falar abertamente o que pensam e cometer erros, eles se manterão por perto; caso contrário, darão um jeito de sair de casa e viver em um lugar no qual se sintam melhor.

Há os profissionais que não deixam a empresa, mas também não criam comprometimento e passam a vida fazendo apenas a sua parte. Sabem que sofrerão sérias conseqüências se não corresponderem ao que se espera deles, mas não fazem nada além disso. Não se preocupam com o trabalho dos outros, não se interessam pelos problemas da empresa, não ousam ir além de suas funções. Agem dessa forma não por simples má vontade, mas principalmente por não confiar que sua iniciativa faça diferença.

Falta de fluidez

Quando há fluidez em uma empresa, os processos transcorrem sem entraves, a informação circula livremente e as pessoas trocam idéias e cooperam. O melhor indicador dessa característica é o nível de comunicação transversal, ou seja, entre os diversos departamentos da organização. É por ele que usualmente inicio meu trabalho de consultoria, verificando se departamentos como administração, engenharia, marketing e produção, por exemplo, atuam conjuntamente em projetos. O que observo é que a fluidez é muito comprometida na maioria das empresas, e que, quanto maiores elas são, pior é a situação.

A luta pelo poder, que anda de mãos dadas com a falta de confiança, é o que está por trás da falta de fluidez. A grande arma dessa luta é guardar a informação estratégica para si, evitando compartilhá-la com os outros. Embora haja muita informação disponível, o que dá certa sensação de que se pode ter acesso a tudo o que se precisa saber, a informação importante, verdadeiramente estratégica, é guardada a sete chaves por quem a possui – e aí está o poder. Eis por que as pessoas não se comunicam transversalmente: acham perigoso compartilhar o que sabem e, assim, perder seus trunfos. Além disso, receiam que os outros não as considerem suficientemente boas, pois muitas vezes elas chegaram aonde estão por uma série de circunstâncias que não estão necessariamente associadas à sua competência.

Segundo o educador canadense Laurence J. Peter, "todo mundo é competente até atingir seu nível de incompetência". Essa máxima ficou conhecida no meio acadêmico e profissional como "o princípio de Peter" e explica com uma simplicidade desconcertante o que ocorre nas empresas. Quando atinge um cargo de liderança e grande responsabilidade, o profissional evita criar relações de confiança com os demais. Afinal, confiar implica tornar-se vulnerável, e não se pode ser vulnerável quando há muito a ganhar – ou perder. Assim, os profissionais das altas esferas adotam uma postura altamente defensiva e criam um muro em torno de si, para que os outros não coloquem em xeque sua competência. Não há decisão participativa, não há intercâmbio de idéias, não há conversação.

Como "o que é em cima também é embaixo", não há interação entre os níveis inferiores, o que compromete totalmente a fluidez da organização. As pessoas tampouco se sentem à vontade para dizer o que pensam, pois não há um clima de confiança que as convide a fazer tal coisa. Tudo isso leva à proliferação de rumores e cochichos nos corredores e no cafezinho.

Entraves à inovação

A história empresarial mostra que muitas inovações revolucionárias surgiram ou de idéias loucas ou do processo de tentativa e erro. Portanto, a cultura da inovação tem de estar fundamentada na confiança, que proporciona a certeza de que as pessoas podem propor coisas fora do comum, até mesmo sem pé nem cabeça, sem que nada de mau lhes aconteça – não serão repreendidas, punidas, condenadas ou ridicularizadas.

Uma das empresas internacionalmente reconhecidas como uma das mais inovadoras no mundo é a 3M. Ali, entre os vários objetivos dos executivos, está o de cometer certo número de erros, pois os erros fazem parte do processo de usar a cabeça para imaginar coisas aparentemente loucas que depois possam se transformar em produtos inovadores.

Será isso que vemos na maioria das empresas? De modo algum. Ainda que seu discurso pregue que "erros fazem parte do aprendizado", "é preciso errar para acertar" e outros lugares-comuns, a realidade é de um ambiente de pouca confiança, no qual as pessoas têm muito receio de experimentar e ter maus resultados. Um levantamento realizado em 2006 pelo instituto internacional de pesquisa ISR quantifica esse receio, embora de modo indireto. A pesquisa apurou que, no Brasil, 49% dos funcionários de empresas têm medo de dizer o que pensam. Incluem-se aí críticas, propostas de mudança, reclamações e idéias.

Na matéria publicada pelo jornal *Folha de S.Paulo* da qual fazem parte essas informações, há o depoimento esclarecedor de um consultor de empresas, que diz: "O medo nem sempre é de dar sugestão ou propor mudança, mas de falar e ser apunhalado pelas costas". Ainda, segundo o consultor, os profissionais brasileiros evitam falar o que pensam também por receio de que o chefe se sinta ameaçado e, para se defender, crie situações que os acabem levando para o olho da rua.

Falta de desenvolvimento pessoal

O provérbio espanhol que diz "mais vale um mal conhecido do que um bem a conhecer" sintetiza de maneira muito apropriada o que acontece atualmente em muitas empresas, nas quais a falta de confiança leva os profissionais a atuar conservadoramente, de modo a preservar sua segurança e a evitar arriscar-se e expor-se a erros e penalidades. Assim, eles acabam sempre fazendo e pensando as mesmas coisas: não se desenvolvem, já que o desenvolvimento acontece a partir de mudanças de comportamento.

Isso cria uma situação paradoxal. Mudanças ocorrem continuamente, há concorrentes em cada esquina, o cliente tem uma infinidade de opções e, portanto, é cada vez menos fiel – vai atrás de quem tem o melhor preço, atende melhor suas necessidades e lhe dá mais atenção. Ainda assim, há companhias nas quais, por falta de um clima de confiança, as mudanças não acontecem porque implicam riscos. Elas se acomodaram na autocomplacência, alheias ao fato de que esse, sim, é seu maior risco.

Tais empresas não têm perspectiva de continuidade a médio prazo. Pode até ser que consigam atrair profissionais talentosos com promessas, benefícios e remuneração elevada, mas eles não tardam em descobrir que correm o risco de sofrer punições caso proponham coisas novas. Então, uma destas duas coisas acontece: ou os profissionais se sentem limitados e vão embora, ou acabam se amoldando às condições da empresa e ficam porque vêem vantagens nisso. Neste caso, dizem a si mesmos: "Se aqui me pagam bem para fazer sempre a mesma coisa, então vou me manter bem confortável e realizar meu desenvolvimento pessoal lá fora. Sei que isso não é vida, mas já que me pagam bem...".

Vejo jovens entrarem em organizações tradicionais, nas quais há baixo nível de confiança, e ao cabo de alguns meses reproduzirem as mesmas atitudes e até valores dos funcionários mais antigos. Incorporam o comportamento de uma pessoa de 40, 60 anos. Tornam-se burocratizados, "funcionarizados", param de se desenvolver, pensam muito mais em seus direitos do que em suas obrigações. A empresa permanece parada no tempo até descobrir que precisa urgentemente se mexer – até lá, corre o risco de ser engolida pela concorrência.

Dificuldades na gestão do conhecimento

A falta de confiança cria barreiras à transferência do saber entre as pessoas. O ambiente competitivo das organizações faz com que os profissionais vejam uns aos outros como concorrentes em potencial na disputa por melhores cargos, pela predileção da chefia ou pelo status de mais bem preparado entre seus pares. Sob esse ponto de vista, compartilhar experiências e conhecimentos significaria perder as "vantagens competitivas" que se tem – entregar munição ao inimigo, poderíamos dizer. E assim, por não confiar nos outros, as pessoas não compartilham o que sabem, o que lhes permitiria ampliar suas capacidades e possibilidades profissionais – e permitiria à empresa gerir o saber organizacional, o que é um dos fatores críticos para o sucesso.

Há também uma perda significativa de conhecimento relacionada à necessidade de as empresas serem competitivas, o que as faz constantemente enxugar custos, diminuir estruturas e otimizar recursos. Essa tendência reforça o conceito de que as pessoas são meros "recursos humanos" (nomenclatura, aliás, que acho muito inapropriada), facilmente substituíveis por outros "recursos humanos" que custam menos. Há também quem use os termos "capital humano" ou "material humano". Em lugar de "recursos humanos" falo em "pessoas", que é o que realmente somos: pessoas com recursos, com talento.

Esse fenômeno criou uma situação peculiar na Espanha. As grandes empresas querem substituir funcionários de 50 anos por jovens que custam três vezes menos, mas não podem simplesmente demitir os veteranos para não arrumar problemas com os sindicatos. Solução: propõem a adesão a planos de pré-aposentadoria maravilhosos, em que o funcionário ganha 95% do salário para ficar em casa até a data de aposentar-se efetivamente e ingressar na folha de pagamento da previdência do Estado. Trata-se de uma possibilidade tão atraente que começa a existir o que chamamos de "síndrome do quase-pré-aposentado", que detectamos em uma de nossas pesquisas em organizações. O profissional que chega aos 45 ou 48 anos já começa a contar os dias para pegar sua pré-aposentadoria. Porém, como esses planos são apenas um incentivo para o afastamento voluntário, passíveis de interrupção sem aviso prévio, a pessoa começa também a recear que, ao chegar a vez dela, o programa seja suspenso e ela tenha de continuar trabalhando até os 65 anos. Nesse caso, não é difícil imaginar o que aconteceria com sua motivação.

Como resultado disso, a experiência e o conhecimento do profissional veterano estão se perdendo, estão literalmente sendo desprezados. O mínimo que se deveria fazer é criar um modelo de transferência do conhecimento para o jovem que ingressa na organização, mas não é o que acontece. As empresas estão desperdiçando um patrimônio de valor inestimável! O mesmo ocorre em outros países e também no Brasil – com a diferença de que aqui, em vez de se pré-aposentar, os profissionais mais antigos e experientes são demitidos para dar lugar a funcionários que custam menos.

Manutenção da ineficiência

Nas organizações é muito comum encontrar pessoas notadamente pouco eficientes, incompetentes até, que só se mantêm porque têm a proteção de alguém "lá de cima". O tempo passa, cortes e remanejamentos de pessoal acontecem, funcionários competentes são demitidos e essas pessoas continuam firmes no lugar.

Esse é um fenômeno ligado à falta de confiança, ainda que à primeira vista não pareça. O que ocorre é que os líderes, pelos motivos já explicados, fecham-se em seus "reinos de Taifas" (o equivalente espanhol do que os brasileiros chamam de feudos) e evitam criar relações de confiança com os demais. Porém, como o ser humano não pode viver completamente isolado, os líderes elegem a dedo umas poucas "pessoas de confiança", de quem obtém lealdade em troca de proteção.

A "pessoa de confiança" não precisa ser eficiente: precisa apenas ser fiel, submissa e obediente. Ela não atua de acordo com critérios próprios, e sim com os de seu protetor, e faz o que ele determina sem questionar. O protetor, por sua vez, procura fazer com que a pessoa seja cada vez mais dependente dele. Na realidade, procura dominá-la pelo medo – o medo de que, se ela não fizer o que ele quer, a proteção será retirada e tudo estará perdido. Há situações em que a relação de poder se inverte: é quando a pessoa de confiança possui informações comprometedoras sobre seu protetor, e este evita enfrentá-la por receio de que tais informações cheguem a ouvidos alheios.

Na época em que eu escrevia este livro, estava havendo na Espanha uma fusão entre a Telefónica celular e a Telefónica das linhas fixas. Em uma operação dessa natureza, é sabido que muitos executivos perdem o emprego, já que setores são unificados, duplicidades são eliminadas e departamentos são extintos. Havia um intenso movimento interno nas empresas, porque estava claro para as pessoas que não seriam necessariamente os executivos mais eficientes que iriam permanecer, mas aqueles que conquistaram a confiança de seus superiores. E, para conquistá-la, certamente tiveram de investir muitas horas para fazer política interna. Eis uma questão para se pensar: qual será o custo da política interna nas organizações? Quanto tempo os executivos precisaram dedicar a estabelecer alianças e relacionamentos de interesse? Quantas horas passaram em conchavos nos corredores e diante da máquina de café?

Desconfiança desde a seleção

Neste mundo de desconfiança, uma das maiores preocupações das empresas é com a ocorrência de fraudes internas. Em estudo realizado pela consultoria brasileira KPMG com mil organizações locais, em 2004, 74% dos respondentes acreditavam que ações de má-fé dos funcionários podem se tornar um dos maiores problemas a ser administrados pelas empresas. E uma das maneiras como elas procuram "cortar o mal pela raiz" é tornar os processos de recrutamento e seleção mais minuciosos e detectar quem são os candidatos confiáveis.

Uma amostra significativa disso é a matéria que encontrei ao acaso em um site de internet brasileiro, no qual se divulgava a realização do *workshop* "Como contratar funcionários de confiança". A notícia chamou minha atenção e resolvi ler a entrevista com o mediador do *workshop*, um psicólogo israelense que já havia sido comandante de um batalhão de tanques do exército de seu país. Segundo ele, o objetivo do *workshop* era treinar os participantes a perceber, no momento da entrevista com o candidato à vaga, indicadores de algo errado ou obscuro em sua vida, contradições, sinais de nervosismo e hesitação que automaticamente o colocariam sob suspeita. São as táticas de guerra chegando às empresas.

As organizações preocupam-se com ações mal-intencionadas dos funcionários e, para proteger-se, desconfiam deles desde o primeiro contato. E o que acontece em uma entrevista de seleção que mais parece um interrogatório, na qual o recrutador assume uma postura inquisidora? Cria-se um distanciamento terrível, e o candidato procura preparar-se da melhor maneira possível para ter bom desempenho. Estuda o que vai ser perguntado, ensaia as respostas, treina todo um comportamento para se sair bem na entrevista. Quanto mais se considera em desvantagem para o processo de seleção, mais se empenha em apresentar uma imagem maravilhosa, porém totalmente diferente do que ele é na verdade. Tem consciência de que está representando um papel, mas seu raciocínio é: "O importante é passar na seleção, depois veremos como ficam as coisas".

Lamento que o processo de recrutamento produza esse tipo de situação. A meu ver, não é só o candidato que tem de se vender ou parecer atraente para a empresa: a empresa também tem de se mostrar atraente para o candidato, para que se crie uma sintonia, um alinhamento. Baseada na desconfiança como condição inicial, uma seleção de pessoal está apenas criando uma espiral de desconfiança na qual uma parte procura obter vantagem sobre a outra. Isso obviamente não trará nenhum benefício nem à empresa nem ao funcionário, pois a realidade se mostrará no mês seguinte, sobretudo nos casos em que se busca contratar talentos. É realmente um grande teatro: a empresa finge que está entrevistando o candidato e este finge que fala a verdade.

Falta de automotivação e limitação do potencial

Fala-se muito que as empresas devem manter os funcionários motivados, com o que não concordo, pois não acredito em motivação provocada por fatores externos. Acredito é em automotivação, a capacidade de a própria pessoa motivar-se. É bem verdade que as empresas têm a responsabilidade de criar e manter um ambiente que proporcione a automotivação por meio da confiança, mas devem fazê-lo cuidando para *não desmotivar* as pessoas.

Não vejo como alguém possa sentir-se automotivado em uma organização na qual haja falta de confiança, pois esse clima obriga a pessoa a exercer certos controles sobre o entorno e ficar em estado de alerta. Se passeamos em uma rua escura no centro de uma cidade violenta, sozinhos, é natural que fiquemos tensos e atentos para o que possa acontecer. Nos sentimos em situação de vulnerabilidade e não temos a menor motivação para nos descontrair e desfrutar da brisa da noite ou da beleza da paisagem. Pois é algo semelhante o que ocorre em um ambiente de trabalho no qual impera a desconfiança. A pessoa fica com todos os seus sentidos e sistemas fisiológicos em estado de alerta; observa os movimentos dos outros, preocupa-se com o que o chefe está achando de seu trabalho ou se é dela que os colegas falam baixinho do outro lado do escritório. Assim, torna-se muito difícil ter algum prazer no trabalho.

Além do evidente impacto sobre a automotivação da pessoa, a falta de confiança a faz reduzir voluntariamente as conversações com as outras — afinal, se ela sente que não deve confiar nos demais, começa a acumular uma série de pensamentos e sentimentos a respeito deles, até o ponto em que não há qualquer possibilidade de relacionamento. Ao longo do tempo, isso pode ter conseqüências desastrosas, pois o ser humano necessita do exercício da linguagem para desenvolver-se mentalmente. Se deixar de conversar, pode inclusive regredir.

A situação que vou contar agora, embora extrema, mostra a importância do uso da linguagem para a saúde mental.

A literatura antropológica relata casos de pessoas que se perderam na selva e viveram completamente isoladas por muitos anos. Ao ser encontradas, falavam coisas tão desconexas, tinham tamanha dificuldade em expressar pensamentos com alguma lógica, que se tornou muito difícil comunicar-se com elas. Era visível que houve uma regressão de suas faculdades mentais.

É com a linguagem que desenvolvemos nosso cérebro, e, se deixamos de usá-la, há uma redução das sinapses, que por sua vez deixam de criar o estímulo energético do cérebro. A pessoa regride intelectualmente, torna-se cada vez mais desconfiada e incapaz de automotivar-se. Falta de confiança, definitivamente, cria uma espiral que bloqueia o potencial humano.

Aversão à diversidade

A pessoa que vive na desconfiança tende a aproximar-se de quem tem algo em comum com ela – interesses, forma de pensar, origens e outros elementos que as identificam. Atraídas por suas afinidades, as pessoas reúnem-se em grupos que costumo chamar de microguetos. Neles os laços de confiança são fortes e estreitos, mas em contrapartida há uma desconfiança de grande intensidade em relação aos outros microguetos. Instala-se então o pensamento excludente, pelo qual você não pode ter a confiança do microgueto A se tem algum relacionamento com o microgueto B, ou seja, não pode ser meu amigo se conversa com meu inimigo.

Em um sistema de pensamento com essas bases, confia-se no que é conhecido e automaticamente desconfia-se do desconhecido. O diferente passa a ser considerado uma ameaça, e conseqüentemente desenvolve-se uma verdadeira aversão à diversidade. Gostemos ou não, porém, a diversidade está por toda parte, impulsionada pelas correntes migratórias cada vez mais intensas no mundo pós-globalização. Pessoas movimentam-se do Oriente para o Ocidente e do hemisfério sul para o norte em busca de melhores condições de vida – quando não por simples necessidade de sobreviver.

Transpondo essa situação para a organização moderna, não é difícil perceber o problema que a falta de confiança pode causar. As empresas estão se internacionalizando, instalando-se em outros países, realizando acordos e fusões com empresas de nacionalidades diferentes. Torna-se cada vez mais comum a convivência de pessoas de nações, etnias, costumes ou religiões diferentes. Entende-se que essa convivência é enriquecedora para as empresas, pois permite compreender melhor a cultura dos locais em que estão instaladas, contribui para o desenvolvimento pessoal e favorece a troca de informações, só para mencionar os benefícios mais evidentes. Porém, como se dará essa convivência em um ambiente no qual não há confiança? Nesse caso, a *diversidade* pode transformar-se em *adversidade* e tornar-se mais um fator que emperra a fluidez da organização.

É possível sobreviver?

Pode a empresa moderna prescindir de pessoas talentosas, automotivadas, criativas e comprometidas com os objetivos da organização? Pode ser competitiva se gasta tanto tempo e dinheiro em controlar os funcionários? Conseguirá ser eficiente sem realizar a gestão adequada do conhecimento e promover a integração transversal de seus departamentos? Sobreviverá sem assumir riscos e inovar? Dificilmente.

Eis uma situação perturbadoramente paradoxal: por não confiar nas pessoas, a organização tenta controlá-las, cria ainda mais desconfiança e distancia-se das condições de que necessita para ser competitiva. Uso o termo "perturbadoramente" porque o senso comum considera os paradoxos como situações em que é preciso escolher entre dois opostos, que são ambos mutuamente excludentes: no caso, ou se confia ou se compete.

Se não bastasse esse paradoxo, ainda há outros, igualmente desafiadores. Por exemplo, enquanto se busca continuamente o enxugamento do quadro de funcionários por meio de terceirizações e subcontratações, as fusões e associações de empresas só fazem aumentar seu tamanho. Ao mesmo tempo em que precisam do comprometimento dos funcionários, as empresas não podem comprometer-se a mantê-los empregados amanhã. Mas assim é o mundo em que vivemos, repleto de paradoxos: é inútil tentar resolvê-los na base do "ou isso ou aquilo", excluindo uma coisa em benefício de outra. A solução do paradoxo não passa pela exclusão, e sim pela inclusão, pela integração dos opostos. Aprender a geri-los nos encaminha a um futuro próximo cada vez mais imprevisível e complexo.

É preciso entender que o presente e mais ainda o futuro apresentam uma realidade de trabalho muito diferente da que existia há alguns anos. Temos de ser capazes de gerir a incerteza, a ambigüidade, a mudança e a velocidade alucinante a que somos submetidos. Mais do que nunca, a compreensão dos paradoxos nos permitirá ver, sentir e atuar em um mundo mais amplo e perceber oportunidades nunca antes vistas. Sob essa perspectiva, a confiança pode, sim, coexistir com os imperativos da competitividade organizacional. Agora, trata-se de saber como.

◈

Criando confiança
Criando confiança
Criando confiança

3

O resgate da confiança

*Eu procurava força e confiança fora de mim
quando elas vêm de dentro. Na verdade, estavam
lá o tempo todo.*

ANNA FREUD

É possível resgatar a confiança perdida e desaprendida no decorrer da vida? Dá para voltar a confiar em nós mesmos, nos outros e no mundo depois de passar por decepções, perdas, frustrações e fracassos? Será que a confiança poderá voltar a ser o nosso primeiro impulso ou sentimento quando nos deparamos com uma situação nova, uma pessoa desconhecida ou uma incerteza?

Depois que comecei a estudar a confiança e a colecionar histórias de pessoas que confiam – e algumas dessas histórias contarei aqui –, não tenho dúvida de que a resposta para todas essas perguntas é um sonoro "sim". Mas não espere por uma fórmula, um passo-a-passo ou receita que sirva igualmente para todos. Não espere por uma solução pronta ou uma pílula dourada que resolverá todos os seus problemas. Como foi dito na introdução deste livro, nele serão *apontados caminhos* para o resgate da confiança, caminhos que você terá de trilhar. Cada um tem de resgatar a confiança à sua maneira, e isso pode significar revisitar as experiências de vida em que perdeu um pouco dela, reconhecer e transformar as crenças que a enfraqueceram ou aprender a interpretar situações sob um novo ponto de vista. É bem verdade que para alguns esse resgate pode requerer o auxílio de um conselheiro, um psicólogo ou terapeuta, nos casos em que precisam ser trabalhadas questões muito profundas, traumas ou lembranças que pertencem ao subconsciente. Não é de coisas dessa natureza que iremos tratar aqui, é claro. O objetivo deste capítulo é compartilhar alguns *insights*, meus e de outras pessoas, que poderão inspirá-lo a recuperar a confiança perdida nas curvas e tropeços da trajetória que fez até aqui.

Reconhecendo os talentos

Se pesquisarmos o significado da palavra "talento", encontraremos algo como "dom, aptidão, habilidade inata". Podemos também defini-lo como uma inteligência natural que, para ser usada, não requer manual de instruções. É uma definição pouco usual, talvez um tanto engraçada, mas por trás da graça revela-se o paradoxo do talento. Não precisamos de manual de instruções para usar algo que é natural em nós; ao mesmo tempo, porque não temos um manual de instruções, podemos simplesmente ignorar que possuímos determinado talento.

Alguns de nós têm a sorte de identificar os dons cedo na vida, com a ajuda de pessoas próximas que, em vez de apontar nossos erros e dificuldades, vêem as habilidades e nos dão reforços positivos. Mas quando isso não acontece, é bastante possível chegarmos à idade adulta sem esse conhecimento fundamental a respeito de nós mesmos. Para complicar um pouco mais, como nos espelhamos em modelos de sucesso, nos esforçamos em desenvolver os talentos deles – e os nossos, muitas vezes, continuam ocultos.

Há quem chegue até a duvidar de que possui algum dom, pois é comum associar talento com qualidades raras ou excepcionais que apenas algumas pessoas têm. A atriz premiada, o cirurgião plástico que faz milagres, o escritor de *best-sellers*, o cantor famoso, o arquiteto renomado, o empresário milionário, esses têm talento. Faça um teste: peça para alguém indicar dez pessoas talentosas que conhece e você muito provavelmente só ouvirá falar em celebridades. Então as pessoas se comparam com os notórios talentosos que há por aí (mais uma vez, os modelos de sucesso) e acabam concluindo: "Talento, eu? Quem dera eu tivesse algum..."

É pena que existam essas distorções sobre o assunto, pois todo ser humano possui talentos. A professora adorada pelos alunos, o pintor caprichoso, a cozinheira de mão-cheia, o médico com quem todos querem se tratar, o jardineiro que dá viço a toda planta que toca, o padre que enche os fiéis de esperanças com seus sermões, o alfaiate cujos ternos vestem bem; esses também têm dons. Talvez não sejam famosos nem ricos, mas são inegavelmente bons no que fazem. Sentem-se à vontade no que fazem. Confiam no que fazem.

Vejo uma estreita relação entre o exercício do talento e a autoconfiança. Afinal, se o dom está ligado a tarefas que realizamos com facilidade e prazer, utilizá-lo nos faz sentir seguros, donos da situação, confiantes. Além disso, praticar os talentos nos leva ao cumprimento do propósito de vida, o projeto que nossa alma escolhe e com o qual se compromete. As tradições espiritualistas orientais dizem que cada um de nós tem um darma, uma missão a cumprir neste mundo, e cumpri-la é o que nos conduz à realização e à felicidade.*

A questão agora é: como se reconhece um talento? Vejamos a história de Silvio Celestino, consultor empresarial e coach.

Jamais esqueço a fascinação que senti quando vi um robô de brinquedo pela primeira vez. Ainda era pequeno e me entusiasmei com a idéia de ser cientista ou algo assim. Daí para a frente comecei a me interessar cada vez mais por tecnologia. Meus pais valorizavam muito o estudo e isso me estimulou a ser um estudante aplicado, que se esforça e se vira sozinho. Com apenas 12 anos, consegui programar um game de naves espaciais na calculadora científica HP de meu tio, o que foi considerado uma façanha pela família e me deixou muito confiante em minhas habilidades. Naturalmente me encaminhei para um curso técnico de eletrônica e aos 17 anos já estava empregado como programador de uma empresa de telecomunicações. Era considerado um ótimo profissional, apesar da pouca idade. Depois trabalhei em uma montadora de microcomputadores, onde tinha todas as possibilidades de prosseguir na profissão de programador e provavelmente continuaria tendo grande sucesso.

Houve um momento, porém, em que comecei a ficar saturado de códigos e queria experimentar algo novo. Na época, cursava a faculdade de administração, na qual descobri uma nova paixão – o marketing – e decidi que iria trabalhar com isso. Com o apoio de meus superiores, que tinham muita con-

---

* Dediquei um livro à questão do propósito: Qual é o seu lugar no mundo, Editora Gente, São Paulo, 2004.

fiança em mim, consegui mudar para a área comercial, onde estava mais próximo do marketing. As coisas evoluíram até o ponto de eu ter uma revenda de informática e ganhar muito bem, mas então vieram o estouro da "bolha" da tecnologia, na virada do milênio, a crise mundial das empresas de telecomunicações e informática, os atentados aos Estados Unidos... Resumindo, o mercado se retraiu, meus clientes pararam de comprar e tive de fechar meu negócio. De repente, me vi sem trabalho, atolado em dívidas e doente (tive uma embolia pulmonar, um negócio sério). Não sabia o que fazer.

Nessa fase busquei o apoio dos amigos, e um deles certa vez me disse: "Silvio, você daria um ótimo coach". Eu nem sabia o que era isso, mas fui investigar. Me submeti a um trabalho de coaching, que me ajudou muito, e senti que aquilo tinha mesmo tudo a ver comigo. Dali para a frente, decidi que seria um facilitador do desenvolvimento humano, que é a missão do coach. Mas não deixei de trabalhar com marketing, que continua sendo uma paixão, e passei a dar consultoria para empresas. Depois percebi que poderia integrar o conhecimento do coaching com o do marketing, e assim criei um trabalho na linha do marketing pessoal.

Apesar de ter mudado de rumo profissional algumas vezes, não me arrependo de nada que fiz. Mudei porque senti que se completava um ciclo e era hora de partir para algo novo. Sempre me senti à vontade no trabalho que exercia e à altura dos desafios que surgiram. Sempre tive muita confiança em mim mesmo.

O que chama a atenção na trajetória de Silvio é que logo cedo ele identificou o que gostava de fazer – e essa é uma pista que quase sempre leva à descoberta do talento. A confirmação de que tinha dom para ser programador de computadores veio quando surpreendeu todos programando o jogo na calculadora científica e se sentiu muito confiante em suas capacidades. Nesse aspecto, realmente, foi muito importante receber o reforço positivo da família. A partir daí, Silvio entrou em uma espiral de autoconfiança, pois se sentia seguro como programador, fazia um trabalho competente e tinha bons resultados, o que realimentava sua autoconfiança.

Mas como os seres humanos geralmente têm mais de um talento, Silvio logo se sentiu atraído por fazer outra coisa. Veja que, novamente, o *feeling* foi o que o despertou para a descoberta de um outro talento – trabalhar com vendas e marketing. Merece destaque também a parte em que ele conta que conseguiu mudar de área na empresa porque tinha a confiança de seus superiores. Isso demonstra que o exercício do talento anda de mãos dadas com a competência – e a competência é um dos atributos que geram confiança, como será explicado no próximo capítulo.

Outra passagem interessante na trajetória de Silvio é aquela em que um amigo lhe diz: "Você daria um bom coach". Nem sempre reconhecemos nossos próprios talentos, simplesmente porque não temos nenhuma referência para isso. Silvio não sabia que tinha talento para ser coach porque sequer sabia o que fazia um coach; mas o amigo, que exercia essa função, foi capaz de reconhecer seu talento. Isso é tão comum que algumas pessoas se especializam como caça-talentos para as artes, os esportes ou trabalhos específicos em empresas, por exemplo. São pessoas capazes de reconhecer um dom que os próprios donos não sabem que têm.

O caso de Silvio pode dar a impressão de que se trata da história de uma pessoa de sorte, um privilegiado pelo destino. Mas, em meu modo de ver, trata-se apenas da trajetória de alguém que descobriu e exerceu seus talentos e com eles construiu as bases da autoconfiança. Quando temos autoconfiança, os desafios nunca são grandes demais; não nos sentimos vulneráveis aos outros e temos mais facilidade em confiar neles. Tudo isso leva os outros a confiar em nós, e a espiral positiva da confiança se instala em nossa vida.

Será isso o que falta para você ter mais autoconfiança – exercer seus talentos? Talvez seja o momento de começar a buscálos. O que é que você tem habilidade natural e prazer em realizar? O que faz você se sentir completamente à vontade? Fique atento também àquilo que os outros dizem sobre suas habilidades ou lhe pedem para fazer porque você faz melhor que ninguém.

Com certeza, existem coisas que você é capaz de realizar de um modo especial, que é só seu. Descobrir o que é poderá ser decisivo no resgate de sua autoconfiança.

Transformando crenças

Da mesma forma como assimilamos crenças negativas e limitantes que prejudicam a confiança em nós mesmos e na vida, podemos transformá-las, e com isso aumentar nosso nível de confiança.

Crenças nada mais são que modelos mentais que adquirimos, e é por meio deles que percebemos a realidade que nos cerca. Se temos um modelo que diz que viajar de avião é perigoso, não confiaremos no transporte aéreo e teremos medo de voar. Mas se formos definitivamente convencidos de que a taxa de acidentes aéreos é de 1 para cada 1 milhão de decolagens e que voar é mais seguro que viajar de carro, aquele modelo será removido e passaremos a confiar nos aviões. É por isso que costumo comparar o cérebro a um disco rígido de computador: trata-se de gravar e deletar programas, nada mais.

Na prática, podemos deletar qualquer modelo. Podemos nos livrar das crenças originadas de experiências pessoais desagradáveis que tivemos no passado, das que adquirimos de pessoas influentes em nossa educação ou do próprio ambiente sociocultural em que vivemos, e que se transformam em "verdades absolutas" para nós.

Para começar, temos de nos conscientizar de que não existem verdades absolutas. O que existe é a verdade que cada um vê a partir de seus modelos mentais e da interpretação que faz dos fatos. Um copo com água pela metade está meio cheio ou meio vazio? A pessoa que está com muita sede provavelmente achará que está meio vazio, a que só precisa tomar um gole pode considerar que está meio cheio e a que não está com sede alguma talvez nem atente para isso. A realidade é muito relativa. Se por exemplo acreditamos que uma pessoa quer nos prejudicar, essa crença nos fará perceber más intenções em tudo o que ela fizer, mesmo que não tenha má intenção alguma. Ela pode até nos fazer um elogio e nós, desconfiados, pensamos: "O que será que fulano está querendo com essa bajulação?" O fato é que passamos boa parte do tempo tentando confirmar nossas crenças, e assim criamos nossas "verdades".

Os físicos quânticos vão mais longe: dizem que no Universo coexistem simultaneamente infinitas possibilidades de realidades e somos nós que escolhemos, com nossos padrões de pensamento, aquela que se manifestará em nossa vida. Isso é fantástico, não? É a explicação científica do que várias correntes espiritualistas sempre disseram: "O homem tem o poder de criar sua realidade". E também do que a própria sabedoria popular não se cansa de dizer: "Pensamento negativo atrai coisa ruim, positivo atrai coisa boa".

Mas voltemos à questão das crenças. Para transformá-las, precisamos reconhecê-las, e uma boa estratégia para isso é prestar atenção ao que se passa em nossa mente, como que nos desdobrando em duas pessoas: a que pensa e a que observa. Um bom momento para fazer isso é quando estamos sozinhos, seja no trânsito, em casa ou em uma caminhada pela praça.

Quem pratica essa forma de autoconsciência geralmente se surpreende com a quantidade de pensamentos negativos, limitantes e autodepreciativos que nos ocorrem repetidamente. O psicólogo inglês Brian Roet chama a isso "conversa íntima". No livro *A confiança de ser você mesmo*, ele conta o caso de uma mulher cujos relacionamentos amorosos não passavam de poucos meses. Ao investigar o conteúdo de sua conversa íntima, ela reconheceu crenças como "não sou bonita, estou acima do peso, meu nariz é grande demais"; "não sou boa nas coisas que faço"; "não sou interessante"; "não sou inteligente"; "a vida não é justa" e outras coisas do gênero. Com tais idéias sobre si mesma, ela irradiava um negativismo que repelia as pessoas em geral, e, por tabela, os homens. Suas crenças criavam a realidade oposta à que ela queria para sua vida.

Roet conta que um dos recursos que usou para ajudar a mulher a recuperar a confiança em si mesma foi a substituição das crenças de autodepreciação por pensamentos que refletiam as qualidades pessoais dela – coisas como "sou gentil e atenciosa", "trabalho com afinco" ou "gosto de animais" –, o que aos poucos mudou sua conversa íntima. Essa é uma técnica similar à que aprendi com a neurociência, segundo a qual todo enunciado que repetimos sistematicamente é incorporado pelo cérebro como crença. Novas crenças trazem novos comportamentos e uma nova interpretação da realidade, o que acaba por transformar a vida.

A neurociência recomenda que as pessoas reservem alguns minutos diários para repetir a crença que desejam incorporar até que ela seja definitivamente gravada. Outro método que se pode usar, e que chega a ser divertido, é escrever as autosugestões positivas em pedaços de papel e colocá-los em lugares ou objetos para os quais olhamos várias vezes no dia-a-dia: o guarda-roupa, a agenda, o painel do carro, o computador ou até o teto do quarto, bem em cima da cama.

Fazer uma faxina mental e livrar-se das crenças negativas já é um grande passo para o resgate da confiança, mas não é tudo: precisamos também ser seletivos com relação às informações que nos chegam a todo instante. O mundo está cheio de boatos, más notícias e influências negativas. Nos jornais, só se fala em escândalos de corrupção. No trabalho, as pessoas destilam seu veneno umas contra as outras. Na reunião de amigos, sempre há aquele que conta da morte horrível do conhecido de um conhecido que foi seqüestrado, torturado ou algo assim. Chega disso! Se nos deixarmos influenciar pelas tragédias mundanas, não sairemos mais de casa, não pediremos informações a estranhos, não vamos nem comer a refeição que o garçom coloca na mesa. Não estou propondo que você se torne um ermitão anti-social e alienado; apenas sugiro que não compartilhe realidades alheias que não lhe trarão benefícios nem são compatíveis com a realidade que deseja para sua vida.

Como qualquer outro órgão do corpo, o cérebro tem funções e precisa ser bem cuidado. Se evitamos alimentar nosso estômago com coisas que podem fazer mal a ele, por que alimentaríamos o cérebro com estímulos nocivos ao equilíbrio mental? Precisamos ser seletivos com relação às informações que recebemos e só aproveitar o que nos serve. O que não serve, deixemos "passar batido".

Quando as pessoas têm o discernimento entre o que lhes serve e o que não lhes serve, são mais seguras e donas de sua vida. É o caso de Maria de Fátima e Silva, pedagoga que trabalha como gerente de responsabilidade social de uma empresa de recursos humanos.

Um dia, quando eu era criança, ouvimos alguém chorar muito alto na vizinhança e saímos para ver o que era. Encontramos a filha do barbeiro tendo seus longos cabelos cortados à força pelo próprio pai na barbearia, à vista de todos. A cena atraiu gente que morava ali perto e deixou as pessoas perplexas, até que se soube o motivo de tudo: a moça loira de pele clara, filha de espanhóis, foi pega de namoro com um rapaz negro. "Ah, então é isso", disseram os vizinhos, que aos poucos voltaram para casa como que satisfeitos com a explicação. Mas eu fiquei ali na rua, parada, sem entender nada.

Isso aconteceu na década de 1960. Naquela época, não havia a diversidade que existe hoje, havia distinções entre as pessoas. Moça loira não namorava rapaz negro. Não se podia olhar para o deficiente físico que andava na rua, era "feio". Em minha escola, as classes tinham o grupo dos mais fortes e o dos mais fracos; os alunos que tiravam média de 7 para cima na prova ficavam de um lado e os que tiravam de 7 para baixo ficavam de outro. As pessoas se comprometiam com os padrões de comportamento e moral estabelecidos e tinham medo de sair disso, de ser diferentes. Homem que casava com mulher muito mais nova não era bem-visto – mulher mais velha que o homem, então, nem pensar! Casais não se separavam porque famílias não podiam ser dissolvidas. Mulheres preferiam passar o resto da vida infelizes a deixar o marido e sofrer preconceito. Casar grávida era um escândalo.

Só que eu nunca entendi os motivos disso. Questionava por que as coisas tinham de ser daquela forma, mas as pessoas não tinham explicações lógicas. Então muitos daqueles conceitos, valores e padrões, não aceitei como válidos para mim. Casei grávida aos 17 anos, aos 23 me separei. Não é que eu tenha feito isso de propósito, só para quebrar padrões. Mas talvez essas coisas tenham acontecido porque eu não possuía os medos da moça certinha que casa virgem ou da mulher que não se separa do marido por acreditar que se a vida é ruim com ele, será pior sem ele.

Ter sido filha única até 8 anos me fez valorizar a convivência com as pessoas, pois me sentia muito só. Na vida profissional, sempre lidei com gente, e hoje meu trabalho é colocar deficientes físicos e egressos do sistema penitenciário no mercado de trabalho. Minha postura crítica com relação a conceitos preestabelecidos é essencial nessa função. O relacionamento com um egresso, por exemplo, tem de partir do zero: não me importa saber o que ele fez no passado, importa é o juízo que faço dele a partir do que observo. Aposto nas pessoas que encaminho para um trabalho e sei que isso pode dar certo ou não. Algumas correspondem e até superam as expectativas, outras decepcionam. Porém, as eventuais decepções não me impedem de acreditar no que faço. Escolhi meu trabalho como escolhi os valores e regras que me servem, porque para mim tudo tem de fazer sentido.

Realmente, tudo na vida é uma questão de escolha. E você pode escolher no que quer acreditar.

Fluindo com a vida

Fui testemunha da luta de minha mãe para encaminhar nove filhos na vida e cresci acreditando que podemos, sim, vencer com honestidade, fé e esforço. Tive minha primeira experiência como empreendedora aos 15 anos, tocando a padaria da família com mais duas irmãs depois que mamãe morreu. Ela havia ficado doente por algum tempo e o negócio quase chegou a quebrar, mas nós o levantamos. Depois parti para iniciativas próprias e me dei muito bem. Reconheço em mim o talento para empreender.

Nos anos 1990, eu tinha uma corretora de linhas telefônicas e meio milhão de dólares. Um amigo me propôs sociedade em uma factoring e, entusiasmada com as possibilidades de ganhos, nem pensei duas vezes: investi tudo o que tinha. Pouco depois, a factoring levou um grande calote e perdi o que havia investido. Foi um choque tremendo, mas nem houve tempo de me lamentar. Era preciso trabalhar para pagar o salário dos funcionários no final do mês. Felizmente, naquele momento a Telesp entregou as linhas de telefone celular que eu havia comprado meses antes, e com a venda financiada dessas linhas comecei a trabalhar com celulares, que tinham uma enorme procura na época. Voltou a entrar dinheiro e saí do sufoco. Logo depois, o ex-sócio na factoring compensou parte de meu prejuízo com um terreno em área industrial e toquei a vida adiante.

Anos depois, comprei um salão de beleza falido em um bairro nobre de São Paulo e convidei uma amiga para ser minha sócia. Como na época eu estava resolvendo uma questão judicial, o salão ficou em nome dela. Levantei o negócio e, quando ele estava no auge, quis partir para outro empreendimento. Propus vender minha parte no salão para a sócia, mas ela recusou. E como estava tudo em nome dela... Novamente, eu levava o calote. Fiquei muito abalada e passei um tempo em recolhimento, mas depois ergui a cabeça e segui em frente. Já havia caído e levantado outras vezes, saberia me recuperar. Além disso, tinha muita fé em Deus e intuía que eu tinha algo a aprender; só não sabia o que era.

Procurei um aconselhamento profissional e, com o tempo, entendi a lição. Eu era muito impulsiva, tinha pressa de agarrar as oportunidades e "fazer acontecer", e precisava aprender a refletir e analisar as situações para não tomar atitudes precipitadas. Ficava também constrangida em exigir formalidades e garantias de meus sócios, pois não queria que pensassem que eu não confiava neles. Só que, no mundo dos negócios, as parcerias têm de ter regras e compromissos claros, tudo preto no branco, formalizado e sacramentado, para o bem das duas partes.

Mesmo depois do que passei, não me sinto injustiçada pela vida. Compreendo que precisei levar esses tombos para amadurecer e que, apesar de tudo, sempre surgiram oportunidades para me recuperar. Continuo confiando em mim mesma e não deixei de confiar nos outros, embora saiba que eles podem ter lá suas fraquezas. Além do mais, acredito que, quando a gente tem confiança em si mesmo e na vida, a gente tem tudo.

Esse caso, contado pela empreendedora Sindai Araújo, é um bom exemplo do que chamo de "fluir com a vida"*.

Ainda que estejamos exercendo nossos talentos e cumprindo nosso propósito; que sejamos autoconfiantes e tenhamos crenças compatíveis com a realidade que desejamos viver; ainda assim, problemas e crises podem acontecer. Se não encararmos nossos infortúnios como rasteiras do destino, e sim como oportunidades de aprendizado, podemos evoluir com eles. Isso é fluir.

Vejo uma estreita relação entre o fluir e a consciência de que a vida é governada por uma inteligência benigna, cujas leis promovem o equilíbrio e a evolução contínua. É assim que vejo Deus. Há quem acredite em um Deus que manda provações aos homens, mas não é o meu caso. Não acho que Ele levante de mau humor na segunda-feira e diga: "Hoje, estou com vontade de prejudicar a Leila". Na verdade, sempre esperei o melhor da vida, acreditando que nasci para ser feliz e que o Universo conspira a meu favor. Isso não significa que a existência seja sempre um mar de rosas. Crises, dificuldades e pro-

---

* Escrevi um livro que aborda em detalhes a questão do fluir: A vida não precisa ser tão complicada, *Editora Gente, São Paulo, 2005.*

blemas acontecem, sim, aliás muitas vezes criados por nós mesmos. Seja como for, entendo que essas situações também são benignas, pois nos fazem crescer.

Como diz Humberto Maturana, o ser humano se desenvolve pela curiosidade ou pela dor. A curiosidade dispensa comentários: é o que nos instiga a entender o porquê das coisas. Já a dor, por ser algo que não toleramos muito tempo, nos obriga a tomar uma atitude. Sua função é despertar nossa consciência para algo que precisamos mudar em nossa vida ou em nós mesmos. Veja que, no caso de Sindai, o que provocou as duas grandes crises em sua carreira de empreendedora foram o temperamento impulsivo e a falta de assertividade em relação aos sócios. Em algum momento, a impulsividade acaba levando a escolhas erradas e a falta de assertividade nos torna reféns da vontade dos outros. Veio a primeira crise, que Sindai superou com autoconfiança e sua inabalável fé. Só que ela não aprendeu o que tinha de aprender. Continuou agindo impulsivamente e tendo seus constrangimentos com sócios, o que provocou a segunda crise. Foi então que se perguntou o que a situação poderia lhe ensinar, obteve a resposta e deu um salto evolutivo.

É pena que, diferentemente dela, muitas pessoas passem a vida inteira obtendo os mesmos resultados indesejáveis, sem nunca parar e questionar o que fazer para quebrar esse padrão... Já eu não perco tempo brigando com a vida. Quando as coisas não acontecem do jeito que eu gostaria, vou logo me perguntando: "O que tenho de aprender com isso?" Confio na inteligência que governa o Universo e sei que ela sempre trará o que é melhor para mim; portanto, vejo a crise como uma oportunidade e a aproveito para crescer.

Repare que na história de Silvio Celestino, contada páginas atrás, também houve uma crise que mudou seu caminho de vida. Bem quando ele estava indo às mil maravilhas com sua revenda de informática, o setor de tecnologia se retraiu violentamente e aniquilou seu negócio. Silvio ficou abalado e até doente, mas não se revoltou nem ficou paralisado reclamando da má sorte, como infelizmente muitas pessoas fazem; em vez disso, aceitou a situação e foi em busca de algo novo para fazer. Como estava aberto a novas oportunidades, deu atenção à dica do amigo sobre coaching e com isso se encaminhou para uma nova atividade, na qual está se dando bem e tendo grande sucesso.

Saber que o Universo conspira a nosso favor e fluir com a vida, mesmo quando parece que tudo dá errado, reforça incrivelmente nossa confiança. Nos faz sentir mais seguros para enfrentar as crises, os problemas, o desconhecido e a incerteza quanto ao futuro, que é a marca do nosso tempo.

Talvez você não esteja fluindo porque tem obtido maus resultados que o deixam cada vez menos confiante no Universo. Para romper esse ciclo, habitue-se a se perguntar: "O que eu tenho de aprender com isso?" Vá fundo nesse questionamento e busque a resposta com determinação. Se não conseguir encontrá-la, peça ajuda. Permita-se crescer com a situação que estiver vivendo e você reconhecerá que ela aconteceu para o seu bem.

"Deus escreve certo por linhas tortas", não é o que dizem? Creia nisso e você sentirá sua confiança se fortalecer.

Projetando confiança

Segundo a psicologia, o ser humano projeta nos outros os aspectos psicológicos de si mesmo, principalmente os que não reconhece ou de que não gosta. Com isso, por exemplo, a pessoa que fica incomodada com o estilo competitivo de outra sente-se assim porque também é competitiva, embora não reconheça isso ou negue-se a reconhecer.

O princípio da projeção faz a falta de confiança em nós mesmos refletir-se no outro, levando-nos a desconfiar dele. Faz sentido, não faz? Se temos pouca autoconfiança, somos defensivos; projetamos essa característica no outro e o vemos como alguém defensivo também; se o vemos como alguém defensivo, não depositamos confiança nele por achar que ele não se comprometerá conosco.

Talvez você discorde desse raciocínio e argumente que não confia nos outros porque eles já o decepcionaram algumas vezes. Ainda assim se trata de uma questão de projeção, porque você deve ser muito exigente consigo mesmo, não admite fraquezas nem se perdoa quando erra. E se não admite errar, como poderia aceitar que os outros errem? Se não se perdoa por suas fraquezas, como poderia perdoar as fraquezas alheias? Você não confia porque tem medo de se decepcionar com as pessoas, mas o que evita a todo custo é decepcionar-se consigo mesmo.

Mas isso pode mudar, pois você está sendo inspirado a resgatar a confiança em si mesmo por meio do exercício de seus talentos, a transformação de crenças limitantes e uma visão mais positiva da vida. Acrescente a isso algo de que não falei até agora, que é ser verdadeiro consigo mesmo, ou seja, estar ciente de suas capacidades, limites e do quanto pode esperar de si próprio.

Quando se trata de confiança, é fundamental que tenhamos claro para nós mesmos o que está ao nosso alcance fazer e com o que podemos nos comprometer. Nesses tempos em que a competência e a competitividade são tão valorizadas, somos tentados a esconder nossas dificuldades e dúvidas por medo do que os outros vão pensar. Nada poderia ser mais prejudicial para a autoconfiança! Precisamos ter a coragem de reconhecer nossas limitações para nós mesmos e os outros. Precisamos ser capazes de dizer o que eles podem esperar de nós e o que não podem. Isso não é nenhuma vergonha ou demérito – pelo contrário, é um gesto de integridade e assertividade, que também são componentes da autoconfiança.

Na medida em que fazemos isso em relação aos outros, os estimulamos a fazer o mesmo com relação a nós. Entenderemos quando eles nos disserem "isso eu não posso fazer", e se eles disserem uma coisa e fizerem outra, compreenderemos que lhes faltou autoconfiança, integridade e assertividade. Ficaremos desapontados, mas isso não será motivo para perder a autoconfiança nem a capacidade de confiar nos outros. Afinal, cada um faz o melhor que pode.

Observe que a confiança é um jogo de espelhos. Trata-se de projetar a confiança que temos em nós mesmos para ser capazes de ver os outros como pessoas dignas de confiança. A experiência de Antônio Carlos Brasiliense Carneiro, administrador de empresas que atualmente se dedica ao treinamento e desenvolvimento humano, mostra como isso funciona.

Quando eu tinha 22 anos, embarquei em uma viagem marítima como tripulante de um veleiro. De Ilhabela ao Caribe, margeando a costa brasileira, estávamos em sete tripulantes; do Caribe até a África e de volta para o Brasil estávamos em apenas quatro. Foi muito intensa a experiência de conviver com outros jovens em um barco de 12 metros de comprimento, e ao longo de um ano de viagem desenvolvemos um espírito de equipe fortíssimo.

Sem confiança, essa aventura não teria sido possível. Primeiro, a confiança de nossos pais, que nos deixaram embarcar – e olhe que éramos jovens de 19 a 23 anos. Depois, a confiança do dono do veleiro, que o entregou para nós. E por fim a confiança entre nós, tripulantes, que foi crescendo com a experiência de planejar e fazer as coisas juntos.

Nos seis meses que antecederam a partida, fomos preparados por um navegador experiente e por médicos que haviam participado de cruzeiros desse tipo. A estratégia do grupo previa que em algum momento os tripulantes pudessem realizar todas as tarefas necessárias, mas no começo da viagem cada um tinha funções específicas, conforme seu conhecimento. Eu, por exemplo, que não tinha muita experiência em navegação, fui encarregado de cuidar da saúde da tripulação e da logística de alimentação. Trabalhávamos sempre em duplas, para que um aprendesse com o outro e o ajudasse, até que o time amadureceu – e aí cada um tinha condições de levar o barco sozinho, já que durante a noite fazíamos revezamento em turnos de três horas para que todos pudessem dormir.

Esse processo não foi tão linear, teve momentos difíceis também. Depois de passar por Fortaleza, a tripulação se divi-

diu. Três queriam ir para a ilha do Diabo, na Guiana Francesa; três queriam ir direto para o Caribe, e um era neutro. Acabamos decidindo ir para a Guiana, mas ainda assim aqueles que haviam insistido em fazer esse trajeto ficaram muito desconfiados de que os outros três, que queriam seguir para o Caribe, pudessem fazer um desvio de rota durante a noite. Eu mesmo acordei no meio da madrugada, algumas vezes, só para checar se o companheiro que dirigia estava seguindo o curso certo. Houve momentos de dúvida, de se perguntar se o outro iria mesmo fazer o que foi combinado. Os três que deixaram o barco estavam se sentindo desconfortáveis para continuar.

Depois de tantas experiências, criamos confiança para entregar o barco na mão do outro e também para questioná-lo quando necessário. Se eu não estivesse seguro do curso de navegação que o colega seguiu durante a noite, por exemplo, tinha total abertura para colocar isso a ele. O colega, por sua vez, acolhia a minha colocação com naturalidade, discutíamos a situação e chegávamos a um consenso. Atingimos um ponto em que a integração e a confiança eram tamanhas que já nem precisávamos nos falar, simplesmente sabíamos o que cada um tinha de fazer.

Não tenho dúvida de que a confiança é um elemento fundamental em qualquer relacionamento, e isso implica ter uma postura de honestidade, aceitar o outro como ele é e ser receptivo a ele. Essa viagem de barco, que realizei há 20 anos, criou uma nova referência de trabalho em equipe para mim.

Na experiência contada por Antônio Carlos, é inegável que os sete amigos já tinham certa confiança em si próprios e nos outros quando iniciaram a aventura, ou sequer teriam levantado âncora. Mas essa confiança passou por duros testes e precisou ser muito desenvolvida, o que nem todos conseguiram – tanto é que alguns deixaram o barco.

Vejo essa história como uma metáfora da vida, porque também na vida nossa confiança é testada, passa por crises, enfrenta tempestades. Mas, se queremos chegar ao fim da viagem, temos de confiar em nós mesmos e naqueles que estão no mesmo barco. Sozinhos não vamos a lugar nenhum.

Há ainda um outro aspecto nessa "viagem", que é inspirar os outros a confiar em nós – e aqui entra a bela história de Fídias Siqueira, psicólogo do Projeto Fica Vivo, do governo de Minas Gerais.

Nosso programa é voltado aos jovens das regiões mais violentas de Belo Horizonte e do interior de Minas. Eles se envolvem com grupos de traficantes, entre os quais há muita rivalidade e os homicídios são freqüentes. É uma vida de desconfiança e constante pressão, geralmente curta. Eles próprios não esperam viver mais de 18 anos, "e o que passar disso é lucro", dizem. A proposta do Fica Vivo, portanto, é mostrar outra possibilidade de vida a eles. Uma das vertentes do projeto é o que chamamos de "proteção social", que oferece oficinas de esportes e cultura e também cursos de geração de renda. Colocamos profissionais da própria comunidade no papel de oficineiros, pois isso favorece a atração dos jovens.

Um dos casos bem-sucedidos que temos é o de Júlio, 23 anos, ex-líder de um grupo de traficantes. Alguns meninos de sua turma vieram ao nosso encontro pedir ajuda para arrumar um lugar onde pudessem jogar bola. Conseguimos o empréstimo de uma casa na comunidade onde havia um campo e instalamos ali uma oficina de futebol.

No começo, Júlio só aparecia para jogar bola. Começou a mandar garotos de seu grupo para a oficina, até que ele próprio resolveu participar também. Tinha muita liderança e era temido, mas queria se aproximar das pessoas e aos poucos começou a mudar alguns comportamentos. Passamos a ouvir gente da comunidade dizer coisas como "o Júlio parou, não tá mais mexendo" – quer dizer, não está mais traficando. Fizemos a ele uma proposta para ajudar na oficina e participar de um projeto de formação de lideranças comunitárias, e foi assim que passou a trabalhar como auxiliar de oficineiro.

Um dia, a mãe de um garoto virou para mim e disse: "Queria que você soubesse que meu filho está indo à casa do Júlio para jogar videogame". Imaginei que ela fosse dizer que não estava gostando daquilo, mas então completou: "Acho muito bacana que o Júlio esteja mudando de vida e só peço que ele não deixe meu filho ficar lá até tarde". Fiquei muito surpreso e contente com isso.

Em uma entrevista para um jornal, Júlio disse que a diferença que o projeto fez em sua vida foi devolver-lhe a confiança em si mesmo. São efeitos como esse que estamos produzindo com o programa, e isso é muito gratificante.

Criando confiança

Confiar em si mesmo, projetar confiança, confiar no outro, merecer confiança. Essa é a espiral que pode transformar o caótico mundo em que vivemos.

Confiar sozinho não é suficiente, porque a confiança é

uma rua de mão dupla. Confiamos no outro para que ele confie em nós, e da confiança recíproca surge o compromisso.

Confiança e compromisso se complementam, não existe um sem o outro.

Confiança é o feminino, entrega; compromisso é o masculino, ação.

Confiança é sentimento; compromisso é atitude.

O outro inspira confiança; eu expiro compromisso.

Compromisso e confiança, afinal, conduzem ao amor, porque amar é respeitar o outro. Um outro que não tem de ser perfeito, nem ser como nós somos. Apenas um legítimo outro.

❖

O modelo Gestão por Confiança (GpC)

Só se poderão obter vantagens competitivas quando os empregados confiarem em sua empresa, quando suas aspirações corresponderem à estratégia da empresa e quando seus desejos tiverem uma oportunidade de ser alcançados.

LYNDA GRATTON

Nos últimos anos, temos assistido ao surgimento de conceitos de *management* que pretendem fazer as organizações funcionarem de modo mais eficiente e adequado às demandas criadas por um mercado em contínua transformação. Temos acompanhado o aparecimento, desde anos atrás, de modelos com propostas promissoras, como qualidade total, gestão por competências, gestão emocional, gestão por valores e outras. Embora tenham sido lançados com grande expectativa, esses modelos mantiveram-se vigentes por algum tempo até que, pouco a pouco, foram perdendo sua eficiência (certamente, uma exceção é a gestão por objetivos). Um dos motivos por que isso aconteceu, em minha visão, é a falta de credibilidade nas organizações em que foram adotados – ou seja, elas não estavam à altura deles. Outro é que as empresas não foram capazes de criar os meios necessários para que os modelos funcionassem. E, essencialmente, há também a falta de coerência entre o modelo a aplicar e as políticas da empresa, em especial no caso das Políticas de Direção e Desenvolvimento de Personas (PDDP).

Essa situação me levou a questionar e pesquisar o que existe, ou melhor dizendo, *o que falta* nas organizações e compromete o êxito das modernas teorias de gestão, e foi assim que deparei com a questão da *confiança* como condição básica para atuar em um cenário em que a complexidade, a ambigüidade e a incerteza são crescentes.

Não é de hoje que se estuda a relação entre a confiança e o desempenho das organizações. "A confiança é um elemento integrante de todas as companhias que temos estudado e nas quais a transferência de conhecimento e aprendizagem organizacional estão na base de suas capacidades estratégicas", constatavam os pesquisadores Sumantra Ghoshal e Christopher Bartlett já em 1977, no livro *A organização individualizada*. A professora de Harvard Rosabeth Moss Kanter, em seu recente livro *Confiança*, diz: "Confiança não é uma elaboração mental artificial, que depende exclusivamente daquilo em que as pessoas decidem crer: ela reflete reações razoáveis diante das circunstâncias". Para o pensador de ciências políticas e econômicas americano Francis Fukuyama, a confiança é um componente do capital social que chega a ser mais importante que o capital financeiro da empresa.

Neste ponto, é importante deixar claro que, ao falar em confiança, não me refiro à aceitação incondicional das decisões superiores por parte dos funcionários, que é o que vemos em algumas empresas. Confiança na acepção aqui tratada é um sentimento gerado quando a verdade é dita e promessas são cumpridas. É bem verdade que, quando se aceita uma promessa, deve-se assumir que ela pode ou não se concretizar; logo, a confiança implica um certo risco e traz consigo alguma incerteza, pressupondo uma entrega voluntária e consciente do grau de vulnerabilidade que se está disposto a assumir. Não é algo, portanto, que surge de forma natural e espontânea, mas do desejo de conhecer e compreender o outro para saber se é digno de confiança. Tampouco é algo que se possa pedir ou exigir, mas que se inspira.

A confiança é reconhecida como um fenômeno emocional que predispõe as pessoas a se integrar e se abrir para trocas, o que fomenta a cooperação e a transferência do saber; encoraja-as a dizer o que pensam e experimentar sem medo de ser punidas, o que favorece a inovação; derruba barreiras defensivas e colabora com o fluir da organização. Ela pode ser a chave para navegar através da complexidade e incerteza dos novos cenários organizacionais. Assim, especialmente na última década, vários acadêmicos, especialistas e gestores – entre os quais me incluo – têm buscado maneiras de fazê-la crescer e manter-se em grau elevado nas empresas.

Desenvolvi um modelo chamado de Gestão por Confiança (GpC), cuja função é servir de alicerce para as modernas práticas de gestão. Minha teoria é que, antes de avançar com modelos complexos, temos de dar um passo atrás e assegurar as condições básicas para que eles funcionem. Ponto de partida para a construção da confiança nas organizações, a GpC é sustentada por variáveis individuais e organizacionais.

Variáveis individuais, as "10Cs"

Quais são os comportamentos a partir dos quais uma pessoa cria e mantém uma imagem de credibilidade entre as outras? Foi a partir dessa pergunta que identifiquei as variáveis individuais da confiança, às quais chamei de 10Cs – já que, coincidentemente, todas se iniciam pela letra C. Inicialmente, meu modelo tratava apenas das variáveis *competência profissional, clareza, consistência, cumprimento, comprometimento* e *coerência.* Mais recentemente, acrescentei também a *confidencialidade,* a *cumplicidade,* a *consciência* e a *correspondência,* e acredito que com esse conjunto de atributos seja possível caracterizar de maneira bastante abrangente a conduta de uma pessoa confiável.

A GpC funciona como um modelo de gestão por competências, no qual a confiança aparece como uma metacompetência explicada a partir das dez competências (as 10Cs):

1. COMPETÊNCIA PROFISSIONAL Chamo de competência profissional a capacidade que a pessoa tem de desempenhar uma atividade de maneira apropriada, obtendo os resultados esperados. Constatar que alguém tem pleno domínio técnico de seu trabalho inspira confiança – tanto assim que quando precisamos de um médico para nos tratar, um cabeleireiro para cortar nosso cabelo ou um pedreiro para fazer a reforma de nossa casa, escolhemos aquele que tem boas referências, foi recomendado e experimentado por outras pessoas devido à sua competência – do contrário não sentiríamos confiança em contratar o serviço desse profissional.

Competência é a única variável individual técnica da GpC, já que todas as outras são comportamentais/psicológicas. Chamo a atenção para esse detalhe porque os profissionais em geral estão preocupados em desenvolver sua competência e fazem cursos complementares e de reciclagem. Porém, isso não basta para inspirar confiança.

2. CLAREZA Meu conceito de clareza relaciona-se com a determinação de dizer a verdade. Isso nem sempre acontece com a maioria das pessoas, que tendem a mentir ou omitir a verdade para não expor suas falhas, erros e fraquezas, os aspectos de si de que não se orgulham e que não desejam que os outros conheçam. Nas organizações, a falta de clareza também está ligada à ocultação de informações, pois deter a informação é uma forma de exercer o poder.

Há quem relacione clareza com transparência, um conceito que é muito conhecido e difundido, mas vejo diferença entre as duas coisas. Considero a transparência total uma utopia, pois o ser humano precisa ter um círculo de intimidade consigo mesmo, "segredos" que ele não compartilha com os outros: pensamentos, sentimentos, opiniões, vivências. Nada impede que ele reserve para si próprio os assuntos mais íntimos e tenha o compromisso de dizer a verdade nos assuntos que envolvem a realidade externa e as outras pessoas.

Se queremos criar confiança, temos de ser mais límpidos e verdadeiros, fazer com que as coisas sejam colocadas de modo claro, sem obscurantismo, sem esconder razões nem motivos. Precisamos cultivar a atitude de dizer a verdade e colocar sinceramente as expectativas que temos em relação às outras pessoas. Em relacionamentos pautados pela clareza, não há ocultamento de informação e a comunicação flui bem nos dois sentidos, transmitindo mensagens concretas. Isso exige valentia e coragem, dois aspectos que raramente são encontrados nas organizações.

É importante deixar claro aos colaboradores o que se espera deles e permitir que tirem qualquer dúvida a respeito disso.

3. CONSISTÊNCIA É a estabilidade de opinião ou comportamento ao longo do tempo, a característica da pessoa cujas atitudes estão alinhadas com um histórico de condutas passadas. Consistência opõe-se à imprevisibilidade, que é um sério empecilho à confiança. É bem verdade que ao longo do tempo mudamos muitas coisas, e a chave da consistência está na manutenção dos valores que proporcionam e refletem nossa identidade.

Em certos aspectos, as pessoas mudam com o passar dos anos e com as experiências por que passam. Apesar disso, apresentam uma constante de comportamentos que está ligada a seus valores e princípios. Se estudarmos sua trajetória profissional e seu histórico de vida, poderemos perceber o tipo de atitudes que tomam e seu modo de comportamento em determinadas situações. Alguém que sempre respeitou os prazos estabelecidos para a conclusão dos trabalhos e cumpriu suas obrigações conforme o esperado, por exemplo, tende a fazer o mesmo sempre, sendo consistente com seu histórico de pessoa responsável. Alguém que correu riscos e enfrentou os outros para defender suas idéias dificilmente irá ocultar o que pensa ou mentir, sendo consistente com seu histórico de pessoa íntegra.

As pessoas consistentes não se deixam levar tão facilmente por modas ou conveniências temporais e discernem claramente o que é importante do que é supérfluo.

4. CUMPRIMENTO DA PALAVRA DADA Se percebemos que uma pessoa se esforça para cumprir as promessas que faz, somos mais propensos a confiar nela. O contrário também é verdadeiro: quem faz promessas mas não as cumpre ganha a desconfiança alheia.

Somos capazes de compreender que alguém não honre a palavra dada se tiver um forte motivo para tal, mas, se isso acontece com alguma freqüência, a pessoa perde a credibilidade. Outra situação que também ocorre é que, se a promessa é importante e cria grande expectativa, porém não se realiza, o desapontamento faz com que haja uma quebra de confiança imediata. Um chefe que promete uma promoção e termina não honrando a palavra dada perde a credibilidade perante o funcionário.

Todas essas possibilidades recomendam cautela com as promessas que se faz. Melhor ser reconhecido como alguém que promete pouco, mesmo que não faça muito, do que ser reconhecido como alguém que promete muito e faz pouco.

5. COMPROMETIMENTO A pessoa comprometida assume uma obrigação ou tarefa alheia como se fosse dela própria. Nas organizações, trata-se da capacidade de desempenhar um trabalho da empresa com a mesma seriedade e empenho com que trataria um assunto pessoal. Para definir essa situação, os americanos usam a palavra *engagement*, que sugere elo ou ligação estreita – a mesma palavra é também usada para designar o noivado. O comprometimento é um poderoso atributo para a criação de confiança, pois é uma demonstração de que se está verdadeiramente imbuído de um propósito ou de uma tarefa que se tem em comum com pessoas.

Uma tendência atual em muitos países desenvolvidos é a percepção de diminuição do nível de comprometimento dos jovens em seus relacionamentos sociais e empresariais. Quando encontram uma adversidade, eles rompem o compromisso e pronto, livram-se dela – e isso vale tanto para situações de nível pessoal como empresarial. É como se dissessem: "Eu me comprometo com isso hoje; amanhã, veremos". Como o compromisso significa um equilíbrio de médio ou longo prazo com um sistema ou pessoa, fica muito difícil confiar em quem age assim. Isso não significa que os jovens sejam incapazes de se comprometer: na realidade, o que observamos é que eles se comprometem, sim, porém mais com projetos e pessoas que confiam neles do que com a empresa como instituição. Os jovens se comprometem – e isso eu constato dia a dia em minha convivência com eles na universidade – quando os valores da empresa coincidem com os seus. Embora incorporem alguns valores profissionais de seus pais, como responsabilidade e seriedade, não estão dispostos a dar prioridade máxima ao trabalho, com jornadas de dez ou doze horas diárias, como os pais fariam. Os jovens buscam ter mais autonomia e iniciativa e não se sujeitam a valores como submissão, obediência, uniformidade ou disponibilidade. Isso torna necessária uma revisão da escala de valores das empresas, não só porque elas precisam atrair os "novos profissionais", mas também por força da evolução do mundo ao seu redor.

6. COERÊNCIA Trata-se da concordância entre o que a pessoa diz que as outras têm de fazer e o que ela mesma faz, o que é um elemento crítico para a criação da confiança. Vejo muitos líderes de organizações fazerem discursos maravilhosos e altamente motivadores, e no dia seguinte tomarem atitudes que são o oposto do que disseram. Ocorre que as pessoas, de um modo geral, são muito mais sensíveis ao bom exemplo dado por uma atitude positiva do que às belas palavras de um discurso – e, se não houver coerência entre uma coisa e outra, elas deixam de confiar.

Muitas vezes, o que ocorre é que, no momento do discurso, há o desejo sincero de cumpri-lo. Porém, o desejo nem sempre corresponde à realidade porque nem sempre se conta com os recursos necessários para realizá-lo. Sendo assim, é melhor não fazer discursos quando não há garantia de que os recursos estarão disponíveis. Acontece também de as pessoas não calcularem o alcance do que dizem. Talvez pensem que suas palavras se dispersam ao vento e não considerem quanto são significativas para quem as ouve. Falam coisas "da boca para fora" sem se preocupar com o impacto que sua fala exerce sobre as outras pessoas e os danos que isso provoca à sua credibilidade.

Freqüentemente, a falta de coerência transmite a mensagem de que aquilo que uma pessoa recomenda ou determina aos outros não vale para ela. Se um pai diz ao filho para jamais fumar porque o tabagismo faz mal à saúde e, no entanto, ele próprio fuma, não será levado a sério. Cria-se assim a idéia de que cada um faz o que lhe convém, o que prejudica as relações de confiança.

7. CONFIDENCIALIDADE É a capacidade de guardar sigilo a respeito de determinada informação a pedido de alguém. Nos diversos níveis hierárquicos de uma organização circulam diferentes informações e não há necessidade – nem pertinência – em compartilhá-las entre esses níveis. Assim, se uma pessoa tem acesso a determinadas informações e pede-se a ela confidencialidade, não pode sair por aí contando o que sabe para os outros. Do mesmo modo que é preciso proteger a intimidade individual, também é importante preservar os segredos que existem entre duas ou mais pessoas de modo a não prejudicá-las.

8. CUMPLICIDADE Trata-se do alinhamento de valores que faz existir uma sintonia entre duas ou mais pessoas. Isso faz com que elas muitas vezes nem precisem conversar certas coisas, pois já sabem *a priori* o que a outra irá dizer. Em um grau muito elevado de cumplicidade chegaríamos à sincronicidade, por meio da qual se cria um canal multissensorial de comunicação, identificação e complementaridade. Vejo a sincronicidade como um fluir interativo que possibilita um "sentir conjunto" de certas realidades, um fenômeno ligado à compenetração e ao alinhamento – e não de natureza espiritual ou esotérica, como alguns o entendem. Trata-se de um tipo de sintonia que, em alguns casais, faz marido e esposa até se parecerem fisicamente.

9. CONSCIÊNCIA O que considero como ser consciente é avaliar as conseqüências dos próprios atos e responsabilizar-se por eles, o que é uma característica do adulto maduro. A maturidade, por sua vez, implica três coisas: saber o que não queremos da vida; saber o que queremos; e saber o preço que é preciso pagar para ter o que queremos e estar dispostos a pagá-lo.

Ser consciente em relação ao outro significa ter respeito por sua individualidade e considerá-lo como um "legítimo outro". Às vezes, essa consciência está ligada a uma empatia que permite sentir o que o outro sente. Como exemplo do que isso representa no contexto de uma empresa, imaginemos o chefe que se coloca acessível e disponível para atender às demandas de seus colaboradores, justamente por ter consciência das necessidades deles.

Nos dias de hoje, em que os fatos se sucedem com grande velocidade e tudo é muito dinâmico, corremos o risco de viver no "piloto automático" e perder a consciência do outro, o que nos impede de vê-lo, ouvi-lo e senti-lo a partir do nosso "eu" humano.

Ser consciente é estar presente, é dar-se conta do que o outro é e da realidade que o rodeia. Na verdade, o mundo que percebemos e tal como o percebemos é a manifestação da nossa consciência.

10. CORRESPONDÊNCIA Refere-se à reciprocidade que deve existir entre duas pessoas para que se estabeleça uma verdadeira relação de confiança. Às vezes nos queixamos de que o outro não confia em nós, e a primeira coisa que devemos questionar é até que ponto nós confiamos no outro. A confiança tem uma natureza biunívoca entre os sujeitos envolvidos na relação: confiante e confiado. A demonstração de confiança no outro por meio de nossos comportamentos estimula o outro a confiar mais em nós. Definitivamente, estamos falando da consideração do outro como pessoa (e não como recurso humano) e, como tal, digna de nossa confiança.

A tese com que venho trabalhando na GpC é que, na medida em que as pessoas incorporam essas competências ao seu comportamento, constrói-se ao longo do tempo um espaço e um clima de confiança nas organizações. A partir daí começam a surgir os resultados, e, quanto melhores eles forem, mais se fortalecem essas atitudes na organização.

Incorporar e exercitar as competências individuais é uma tarefa de todos os integrantes da empresa, sem exceção. No entanto, em uma relação chefe–colaborador, o chefe tem de dar o primeiro passo, uma vez que exerce influência sobre o colaborador e não pode se eximir disso. Deve confiar no colaborador, delegando-lhe tarefas e atividades relevantes (não basta delegar qualquer coisa); ao mesmo tempo, tem de inspirar confiança, mostrando-se digno de que suas orientações e diretrizes sejam seguidas. Já no que concerne ao colaborador, é imprescindível que se mostre merecedor de confiança por meio de seus atos.

A implantação dessas variáveis comportamentais deve ser prática e operativa, seguindo os mesmos princípios e mecanismos do modelo de gestão por competências. Cada variável, assim, corresponderia a uma competência que se deseja desenvolver. Então, define-se um conjunto de comportamentos associados a cada variável/competência, de modo que, conforme as pessoas adotam esses comportamentos, estão desenvolvendo a referida competência. Por exemplo, na variável *confidencialidade*, um dos comportamentos seria não falar mal de uma pessoa pelas costas. A fofoca, como sabemos, é um fenômeno típico das organizações. Fazem-se críticas a determinadas pessoas quando elas não estão presentes, e isso cria a sensação de que, da mesma forma que o grupo fala mal de um colega ausente, poderá fazer o mesmo com qualquer outro quando este também não estiver presente.

Uma vez definidos os comportamentos relacionados a cada variável/competência, as pessoas têm parâmetros concretos para seguir. Então, quatro vezes ao ano (é o que recomendo), cada um se reúne com seu chefe e recebe um *feedback* 360 graus, para saber como suas atitudes em relação àquela variável estão sendo percebidas pelos demais. Recomendo também que esse processo seja guiado pelo número 1 da organização, a começar por ele mesmo, para mostrar que a criação de confiança na empresa é uma questão prioritária. Todas as pessoas devem receber esse *feedback* – o que, em organizações grandes, pode ser feito por intermédio de sistemas informatizados, de maneira muito prática e confidencial, sem que se saiba quem falou o que a respeito da pessoa.

Creio que o maior desafio para a implantação desse modelo está no fato de que, se os resultados não surgem a curto prazo (e é o que geralmente acontece, pois trata-se de mudanças de comportamento), as pessoas buscam outras formas de atuar para atingir seus objetivos. É o mesmo que ocorre com a ética nas organizações, que muitas vezes também não gera resultados a curto prazo. Algumas pessoas chegam a acreditar que, ao adotar um comportamento ético, tornam-se vulneráveis aos não éticos, e acabam abrindo mão da ética em nome da sobrevivência. A idéia dominante é que rentabilidade, confiança e ética são coisas inconciliáveis no cenário altamente competitivo das empresas atuais. No entanto, estou convencido de que a falta de confiança e de ética é que ameaça a sobrevivência das pessoas e organizações.

Atitudes que criam confiança

Depois que o modelo GpC começou a ser colocado em prática em algumas empresas, resolvemos simplificá-lo um pouco com a diminuição do número de variáveis. Além disso, percebemos a necessidade de incorporar uma variável determinante de qualquer comportamento – a autoconfiança –, bem como outra que é mobilizadora de comportamentos – a coragem. Assim, em termos operacionais, o modelo com que estamos trabalhando é Autoconfiança + 7Cs, sendo essas variáveis: *consciência, clareza, cumprimento, comprometimento, consistência, coerência* e *coragem*.

Sobre a *coragem*, podemos dizer que determina, em primeiro lugar, uma forma de atuação livre de medos. Se o que se pretende é inspirar confiança nos outros, é preciso ter suficiente valentia e um padrão de comportamento embasados nas demais 6Cs, o que na verdade não é fácil. Há de se atuar a partir da consciência acerca de si próprio e do outro, com clareza, com o cumprimento daquilo que se oferece ou promete, comprometido com os objetivos comuns, praticando a *coerência* entre o que se diz e o que se faz e mantendo uma linha de ação visivelmente ligada a determinados valores que se mantêm ao longo do tempo. Sem dúvida, para atuar dessa maneira é preciso ter coragem e estar disposto a atuar diferentemente de "seguir a manada" e deixar-se levar pelo caminho mais fácil, preestabelecido e seguro.

As variáveis individuais do modelo GpC são conceitos que devem traduzir-se em atitudes concretas. Enumero aqui algumas delas, relacionadas a situações muito características do dia-a-dia da empresa e que envolvem o chefe e seus colaboradores. Quando estão presentes, essas atitudes criam confiança; se não estão presentes, não criam confiança e às vezes chegam a destruí-la.

DIZER O QUE SE ESPERA DO OUTRO Atitude ligada à variável *clareza*. Embora pareça um aspecto elementar na relação entre duas pessoas, a atitude de dizer o que se espera do outro nem sempre é adotada. Freqüentemente esperamos mais das pessoas do que elas estão dispostas a fazer – ou podem fazer –, o que cria expectativas não atendidas, frustrações e, em última análise, desconfiança.

Muitos chefes não verbalizam exatamente o que esperam de sua equipe, e mais raramente ainda *como* esperam que ela realize suas funções e tarefas. Alguns limitam-se a dizer "eu conto com você", como se fosse o bastante para que os funcionários entendessem o que isso significa na prática. "O chefe conta comigo para quê? Para que eu venha trabalhar no domingo à tarde?" Em contrapartida, se o chefe diz: "Espero que você mantenha o controle dos gastos do departamento e não os deixe passar do patamar X", fica muito clara para o funcionário a expectativa que se tem em relação a ele.

Nas organizações, é fundamental que as pessoas conversem claramente sobre o que esperam umas das outras. Isso significa dizer "o que eu espero de você", tanto quanto "o que você pode esperar de mim". Naturalmente, essas falas não cabem apenas ao chefe, mas ao funcionário também.

DAR O EXEMPLO Atitude relacionada à variável *coerência* e que cabe a todos os que exercem o papel de liderança. Ser um bom exemplo de conduta na organização é sempre importante, ainda mais nas situações que envolvem mudanças ou novas exigências. Nessas circunstâncias, não basta ao líder dizer que todos têm um grande desafio pela frente e precisam agir desta ou daquela forma; ele deve ser o primeiro a assumir a conduta que pede aos colaboradores.

Ao discorrer sobre a variável *coerência*, observei que ela é uma das mais críticas do modelo GpC, por tratar-se de um atributo raro nas pessoas em geral. Conseqüentemente, a preocupação em dar o exemplo é algo que poucos líderes têm, ignorando o fato de que seus atos inspiram mais credibilidade do que suas palavras.

SER ACESSÍVEL Trata-se de estar disponível para alguém que tem dúvidas, precisa de ajuda ou quer apenas trocar idéias. É uma atitude relacionada à variável *consciência* e ao papel do líder. Há chefes que vivem em reunião, estão sempre ocupados ou cheios de compromissos que não podem esperar e colocam a secretária como uma espécie de guardiã de sua porta. Com isso, tornam-se pouco acessíveis aos colaboradores, criando nestes a impressão de que não podem contar com o chefe quando precisam, o que é altamente prejudicial à criação de relações de confiança. Assim, por mais ocupado que seja, o chefe deve encarar a disponibilidade para a equipe como uma de suas prioridades, procurar criar momentos e espaços para estar com seus colaboradores e permitir que se estabeleça uma relação de proximidade com eles.

CRIAR UMA RELAÇÃO GANHA-GANHA Atitude relacionada à variável *comprometimento*. Que confiança pode existir em uma relação na qual uma das partes demanda a colaboração de outra visando à obtenção de benefícios pessoais? A pessoa que costuma agir dessa maneira é vista como alguém que está sempre procurando levar vantagem, o que é fatal para sua credibilidade. Se a intenção é estabelecer uma relação de confiança, deve-se buscar o equilíbrio de modo que ambas as partes se sintam beneficiadas, como em uma negociação ganha-ganha. Assim como ocorre no relacionamento entre pai e filho, a generosidade do chefe é o elemento que dá impulso à dinâmica do ganha-ganha.

ASSUMIR RISCOS PELOS OUTROS Atitude associada ao *comprometimento*. Uma situação típica na qual essa atitude é posta em prática é aquela em que o chefe assume a responsabilidade por um erro de sua equipe. Evidentemente, uma atitude corajosa como essa revela um elevado grau de comprometimento com o trabalho de seu grupo, o que fortalece a sensação de confiança das pessoas em relação ao chefe.

RECONHECER OS MÉRITOS DA EQUIPE Relaciona-se com a variável *clareza*. Poucas coisas são mais frustrantes para os integrantes de um grupo de trabalho que a atitude do chefe que, por insegurança ou orgulho, se apropria dos méritos que cabem à equipe. Além de eticamente questionável, trata-se de uma atitude fatal para a confiança. Por outro lado, o líder que reconhece os méritos de seus colaboradores, agradecendo-lhes e parabenizando-os pelo trabalho bem-feito, estimula não apenas a confiança como também a motivação de seu pessoal.

DEPOSITAR CONFIANÇA Atitude relacionada à variável *consciência*. Se o objetivo é inspirar confiança nos outros, há que se depositar confiança neles. Um líder pode conseguir isso delegando parte de suas próprias responsabilidades aos funcionários e permitindo-lhes assumir tarefas de alto valor agregado. Tal atitude é muito benéfica à autoconfiança das pessoas, o que é o primeiro passo para que elas também passem a inspirar confiança e sejam mais capazes de confiar. Outra forma de depositar confiança é permitir que o colaborador corra riscos, o que de fato potencializa sua aprendizagem profissional.

TER HUMILDADE Atitude associada à competência *cumplicidade*. Infelizmente, é muito comum encontrar profissionais pouco maduros que relacionam humildade com debilidade, quando na verdade a humildade tem mais a ver com a fortaleza de caráter. Em uma organização, a atitude de humildade implica assumir os próprios erros, reconhecer dificuldades e compartilhar sentimentos. Um líder que age dessa maneira em relação aos colaboradores mais próximos sinaliza a eles que também podem falar sobre suas dificuldades, reconhecer falhas e expor sentimentos.

A humildade favorece a criação de um clima de abertura, no qual certas coisas podem ser discutidas sem medo nem a preocupação com aquilo que os outros vão pensar. Recomendo que essa atitude seja exercitada no âmbito das pessoas mais próximas e diretamente relacionadas aos assuntos em questão. Reconhecer erros ou desabafar sentimentos publicamente pode trazer conseqüências indesejáveis e afetar a credibilidade de quem o faz. Por outro lado, somente a partir da humildade nos dispomos a seguir aprendendo.

SER GENEROSO Relaciono essa atitude com a *consciência*, pois quando se é consciente das necessidades dos outros pode-se compreendê-los e ser generoso com eles. A generosidade com as pessoas nos faz perceber suas limitações, tolerar suas dificuldades e ter paciência com seu ritmo de crescimento; nos faz aceitar o outro como legítimo outro, o que é uma forma de amor. Se queremos receber algo do próximo, devemos primeiramente dar algo a ele. É pena que tão freqüentemente o orgulho e as razões do ego nos impeçam de fazê-lo.

SER EQÜITATIVO Atitude relacionada à *clareza*. Eqüidade é a capacidade de ser justo e imparcial, um atributo essencial para o líder da empresa moderna, na qual cada vez mais se busca premiar os funcionários de acordo com seu desempenho. Cabe às organizações estabelecer políticas de remuneração e incentivo à produtividade, mas aplicá-las é tarefa do chefe – e ele tem de ser eqüitativo para fazê-lo adequadamente. É ele quem deve sinalizar com clareza os critérios pelos quais a política da organização é aplicada e tornar tais critérios conhecidos por todos. Assim, o funcionário que recebe uma remuneração extra no final do ano sabe o que fez para merecê-la – e o funcionário que não ganhou nada sabe que simplesmente cumpriu seu dever. Sem isso, as pessoas tendem a achar que o chefe tem favoritismos, o que compromete a confiança nele. De fato, a falta de eqüidade e justiça é um dos elementos que mais produzem desmotivação nas organizações.

OFERECER-SE SEM PEDIR NADA EM TROCA Trata-se de oferecer apoio espontaneamente, sem cobrar um retorno ou criar a expectativa de uma contrapartida. Dispor do próprio tempo para ensinar o colega a terminar um trabalho que está atrasado e explicar-lhe algo que irá ajudá-lo a desempenhar melhor suas funções são exemplos dessa atitude, que associo com as variáveis *compromisso* e *consciência*. São muitas vezes pequenos gestos de grande desprendimento, que traduzem o aspecto espiritual do ser humano. Afinal, alguém que age assim tem como recompensa máxima a satisfação por ter proporcionado um bem a outro.

RENUNCIAR A UM BENEFÍCIO PESSOAL EM FAVOR DOS OUTROS Essa atitude é talvez a expressão máxima das variáveis *compromisso* e *consciência*. Eu já soube de líderes que renunciaram à transferência para outro setor ou a uma promoção apenas para manter-se junto a sua equipe, pois consideravam que aquelas pessoas ainda precisavam de sua ajuda. O efeito que essa atitude teve na criação de relações de confiança, como se pode imaginar, foi fenomenal. As equipes que vivenciaram essa situação tornaram-se verdadeiramente triunfadoras e coesas, como se nada pudesse abalá-las.

Atitudes como essas são raras, pois atualmente trabalha-se para obter resultados a curto prazo. As pessoas dificilmente tomam decisões que surtirão efeito no médio e longo prazos, e a confiança produz resultados nessa ordem de tempo. Cedo ou tarde, porém, eles aparecem. Em um dos casos que acompanhei, passado certo tempo, a empresa criou um novo departamento e transferiu para lá o líder que antes renunciara a uma transferência juntamente com sua equipe, e todos foram promovidos. Pessoas que têm essa atitude, que também se relaciona com a variável *cumplicidade*, deixam saudades por onde passam.

TRANSMITIR SEGURANÇA Atitude relacionada à variável *consistência*, já que seu efeito está associado a uma trajetória, e não a um fato isolado. Existem chefes alarmistas, que desenham cenários terríveis, ampliam o tamanho e a gravidade dos problemas ou dão exagerada importância a determinados fatos. Muitas vezes, agem assim para se valorizar ou para mobilizar as pessoas. Ocorre que, se um chefe assusta a todos dizendo: "Estamos perdidos, a situação é grave, o panorama é terrível", e depois as pessoas percebem que a situação não era tão grave, elas perdem a confiança nele. O líder tem de ser lúcido e agir como um estabilizador emocional de sua equipe, transmitindo segurança e tranqüilidade. Segurança, diga-se de passagem, é uma das necessidades básicas do ser humano, segundo o psicólogo americano Abraham Maslow, formulador da teoria conhecida como hierarquia das necessidades humanas. Particularmente, em uma sociedade como a atual, a segurança está se tornando um elemento crítico. Portanto, se um líder quiser incrementar a confiança de sua equipe deve, entre outras coisas, proporcionar-lhe a sensação de segurança.

CRIAR PROXIMIDADE COM AS PESSOAS Atitude relacionada às variáveis *confidencialidade* e *cumplicidade*. Um dos princípios de atuação dos líderes é gerir as instâncias de intervenção. Isso significa, em um primeiro momento, diminuir a distância subjetiva entre sua esfera de poder e a de seus colaboradores, o que pode ser obtido com uma diminuição da formalidade. Um líder que dispensa o tratamento cerimonioso – por exemplo, pede aos funcionários que o chamem por "você" em vez de "senhor" ou "doutor" – coloca-se mais próximo das pessoas, o que facilita o estabelecimento de relações de confiança.

Outra maneira de fazer isso é liderar pelo poder da autoridade, e não pelo poder da hierarquia. Quem exerce o poder da hierarquia manda porque é o chefe; quem exerce o poder da autoridade conduz porque é o líder.

Outras atitudes e comportamentos que criam confiança

Dar *feedback* tanto dos aspectos positivos como dos que precisam ser melhorados	Clareza
Declinar a proposta de fazer algo caso não se tenham os conhecimentos ou habilidades necessários	Competência
Ter participação ativa, devotada e duradoura	Comprometimento
Começar e terminar uma reunião no horário preestabelecido	Cumprimento
Manifestar verbalmente ou por meio de atitudes que seus princípios são os mesmos ao longo do tempo	Consistência

Há mais detalhes sobre esse modelo no capítulo 2 do meu livro A nova gestão de pessoas, *Editora Saraiva, São Paulo, 2007.*

Manter em sigilo o que alguém lhe pediu para não comentar	Confidencialidade
Atuar com empatia	Consciência

Variáveis organizacionais da GpC

Para que o modelo de Gestão por Confiança funcione, não basta que as pessoas se desenvolvam nas variáveis individuais se as organizações não fizerem a parte que lhes cabe. Elas também têm de evoluir e criar condições para que se instalem uma cultura e um clima de confiança tanto interna quanto externamente. Nesse sentido, venho trabalhando com quatro variáveis organizacionais, que são *estratégia, políticas, processos/procedimentos* e *cultura**. Diferentemente das variáveis individuais, que de certa forma são independentes entre si, as organizacionais estão profundamente interligadas, de modo que deve existir um equilíbrio entre elas. Em outras palavras: precisa haver total coerência entre os fatores organizacionais.

Vamos supor que a *estratégia* de uma empresa seja abrir-se para novos mercados por meio da internacionalização. Para isso, ela precisará que as pessoas trabalhem bem em equipe e saibam conviver com a diversidade de idiomas, culturas e costumes dos países em que se instalar. Nesse caso, por exemplo, suas *políticas* devem incentivar o trabalho em grupo e premiar os resultados obtidos por equipes, e não apenas os que são alcançados individualmente. Já os *processos/procedimentos* devem facilitar o trabalho conjunto de diversos departamentos e setores, integrando-os horizontal ou transversalmente. A *cultura* organizacional, por sua vez, deve proporcionar uma forma de trabalho que impulsione a colaboração entre as pessoas e a vivência da diversidade.

Isso parece simples e óbvio, mas não é, e em muitas empresas percebo uma flagrante contradição entre esses fatores. São organizações, por exemplo, que falam na importância do trabalho em equipe, mas mantêm processos e procedimentos verticalizados que inviabilizam a integração de pessoas de diversos setores em torno de objetivos comuns. Que têm como estratégia mudar sua atuação do foco no produto para o foco no cliente, mas cuja cultura considera o cliente como aquele que compra o produto e nada mais. Que optam pela inovação como diferencial estratégico, mas cujas políticas internas inibem a expressão de idéias e manifestações criativas dos funcionários.

Tais contradições são facilmente percebidas pelas pessoas e invalidam as intenções da empresa de criar um ambiente de confiança. Se considerarmos que a coerência entre o discurso e a prática é uma variável crítica para a credibilidade de uma pessoa e levarmos em conta que a empresa é um organismo, uma entidade com vida própria, torna-se claro quanto é importante alinhar *estratégia, políticas, processos/procedimentos* e *cultura* para a sustentação da confiança.

Há que se considerar também que esse alinhamento é dinâmico e precisa ser continuamente trabalhado, pois no mundo globalizado são freqüentes as mudanças de estratégia – e uma vez mudada a estratégia, deve-se rever todo o resto.

Resultados tangíveis da Gestão por Confiança (GpC)

Como pesquisador do meio acadêmico, tenho a tendência de fundamentar meu pensamento em aspectos teóricos e conceituais. Poderia apontar várias razões de natureza filosófica para defender a tese de que as empresas devem adotar um modelo de gestão baseado em confiança. Porém, como consultor, sei que às organizações interessam mesmo os benefícios tangíveis que essa adoção poderia trazer. Afinal, operam em um mundo no qual tudo tem de se justificar pelos efeitos gerados, resultados obtidos e números contabilizados em seus balanços anuais.

Sob esse ponto de vista mais pragmático, podemos elencar várias razões para implementar a Gestão por Confiança. Na verdade, essas razões são a antítese das conseqüências que a falta de confiança acarreta nas organizações. E não poderia ser diferente: se a falta de confiança dificulta a atração de talentos, por exemplo, a criação de um ambiente de confiança favorece a atração desses talentos, bem como sua permanência na empresa.

Para não ser muito redundante com idéias já apresentadas anteriormente, sintetizo a seguir os principais benefícios que as organizações podem colher ao implantar um modelo de gestão baseado na confiança:

REDUÇÃO DE CUSTOS Todo o aparato de sistemas, estruturas, normas, formas de vigilância e controles internos para garantir que os funcionários façam o que deve ser feito só se justifica pela falta de confiança nas pessoas e consome uma parcela considerável de recursos financeiros. Em contrapartida, na medida em que se estabelecem relações de confiança entre as pessoas e entre elas e a organização, há mais auto-responsabilidade e menos necessidade de controles – o que, conseqüentemente, implica redução de custos. Nessa conta devem-se incluir os ganhos de produtividade dos chefes, que deixam de investir tanto tempo na vigilância de suas equipes para dedicar-se mais às funções que trazem resultados para a empresa.

FOMENTO DA INOVAÇÃO Em um ambiente de confiança, as pessoas sentem-se mais livres para expressar opiniões e idéias e usar a criatividade na busca de soluções ou novas formas de atuação. Se percebem que essas atitudes são valorizadas e encorajadas pela empresa, são inspiradas a buscar auto-aperfeiçoamento, novos conhecimentos e o desenvolvimento de seus talentos e potenciais, o que por sua vez enriquece a qualidade de sua contribuição. Criam-se assim as condições ideais para a inovação, que depende fundamentalmente da criatividade, do talento, do conhecimento e do espírito participativo dos funcionários. Infelizmente, com freqüência percebemos talentos profissionais que não afloram por falta de confiança.

INTEGRAÇÃO E FLUIDEZ A confiança predispõe as pessoas a abrir-se para ouvir e compreender as demais, o que lhes permite criar canais de comunicação e assumir uma postura que favorece relacionamentos baseados no ganha-ganha. É por meio dessas atitudes que se consolida a cooperação, sustentada na crença de que ninguém atinge um objetivo sozinho – e, sim, que todos os membros da equipe o atingem juntos. Constituem-se assim equipes caracterizadas pela coesão e pela fluidez dos processos internos, o que sem dúvida tem um impacto sobre seus resultados – não só os relacionados ao trabalho, como produtividade e rendimento, mas também os de caráter psicossocial, como motivação, bem-estar e satisfação.

GESTÃO DO CONHECIMENTO Quando há confiança, as pessoas são mais abertas para o intercâmbio. Sem medo de perder a propriedade de experiências, conhecimentos e competências, realizam a transferência do saber, que é condição para a construção do aprendizado organizacional. A empresa, por sua vez, pode efetivamente realizar a gestão do conhecimento (e não apenas da informação), que é fator estratégico para o alto desempenho.

IMAGEM DE CONFIABILIDADE O sentimento de confiança das pessoas transborda para além dos muros da organização, influenciando positivamente seus relacionamentos com parceiros, fornecedores e clientes. Isso reforça e legitima a imagem de confiabilidade que toda empresa necessita manter perante o mercado.

Como se vê, a implantação da Gestão por Confiança se justifica não apenas pelos efeitos psicológicos que proporciona, mas também pelos resultados concretos que traz. Se compreendida como um ativo intangível da empresa, um capital social "mais importante que o capital financeiro", como diz Francis Fukuyama, pode converter-se em diferencial competitivo de primeira grandeza. E um diferencial como esse, convenhamos, é do tipo que concorrência nenhuma pode copiar.

❖

4 Empresas que cultivam a confiança

Empresas que cultivam a confiança
Empresas que cultivam a confiança

Neste capítulo, analisamos o *case* de duas empresas que têm a confiança entre seus valores máximos.

O primeiro *case* apresentado é o do **Grupo Accor**, grupo francês que atua nos setores de hotelaria e prestação de serviços a empresas, com um faturamento global de US$ 8,5 bilhões. No Brasil, um dos cem países em que está presente, a Accor detém dois títulos invejáveis: a liderança nos segmentos em que atua (possui a maior rede hoteleira do país, com 140 hotéis, e é a maior operadora do mercado de benefícios para funcionários corporativos) e o reconhecimento, por dez anos seguidos (1997-2007), como uma das Melhores Empresas para Trabalhar, menção honrosa concedida pela revista de negócios *Exame*.

O segundo *case* é o da **Human Management Systems**, consultoria de gestão empresarial com sede na Espanha e unidades operacionais na China e no Brasil. Com duas décadas de existência, a Human é o típico caso de empresa que tem no capital humano seu grande valor e diferencial, já que vende soluções em consultoria e treinamentos – um produto essencialmente intelectual.

Grupo Accor

Um notável exemplo do quanto a confiança contribui para os resultados de uma organização é a Accor. A confiança figura entre os valores máximos da empresa, ao lado de respeito, *performance*, espírito de conquista e inovação. Mas é nos fatos cotidianos que se percebe como esse valor é vivenciado, seja no relacionamento com as 60 mil empresas-clientes e os 5 milhões de usuários finais de seus serviços, ou com os 30 mil funcionários e as dezenas de investidores que entregam seus hotéis à administração da Accor. Todos esses agentes estão devidamente representados em seu *Projeto de Empresa*, constituído por três eixos: *profit* (lucratividade), *service* (serviço) e *people* (pessoas). E é a *confiança*, segundo os executivos do grupo, que dá sustentação a esses três eixos.

Para a Accor Hospitality, a divisão de hotelaria, no eixo *profit* estão os acionistas do grupo e também os investidores que contratam a empresa para administrar seus hotéis: cerca de 90% dos estabelecimentos com a bandeira Accor pertencem a terceiros. Uma situação emblemática da confiança que há na relação com os investidores é que eles passam uma procuração concedendo à Accor plenos poderes para gerenciar seus hotéis. Já no eixo *people*, a confiança se manifesta na medida em que a Accor entrega o hotel aos cuidados de um gestor, que tem ampla autonomia para tocar o negócio. Esse gestor, por sua vez, projeta em seus colaboradores a confiança de que desempenharão com maturidade e excelência o trabalho de servir aos hóspedes. Por fim, na relação com os hóspedes, que representam o eixo *service*, a confiança se manifesta na medida em que eles confiam ao hotel sua segurança pessoal. "Quando alguém chega ao hotel, está implícito que aquela pessoa tem necessidade de repouso, conforto e cuidado. Ela está numa situação de vulnerabilidade, e é como se dissesse, ainda que sem verbalizar, que precisa de tudo isso. Ao recebermos essa pessoa, estamos garantindo, também sem verbalizar, que iremos proporcionar tudo de que ela precisa", diz o diretor de operações da divisão de hotelaria, Orlando de Souza.

Visão semelhante tem a divisão Accor Services, com a diferença de que o eixo *service* é um pouco mais complexo. Seu carro-chefe, a Ticket, comercializa vales-refeição e vales-compra para milhares de empresas brasileiras, que os distribuem como benefício a seus funcionários. Estes, por sua vez, utilizam os *tickets* para pagar o consumo em restaurantes, bares, supermercados e postos de gasolina. Os estabelecimentos enviam os vales recebidos à Ticket e recebem o valor correspondente em dinheiro. Esse modelo de negócio foi introduzido no país pela própria Accor, em 1976, e só vingou porque a empresa conquistou a confiança do mercado. "Não havia nada similar por aqui antes de o nosso presidente, Firmin António, chegar ao Brasil com os *tickets*. Imagine o que foi convencer os restaurantes a aceitar folhinhas de papel como pagamento para as refeições", conta Maria Fernanda Cordeiro, superintendente da rede afiliada da Ticket.

A credibilidade do nome Accor contribuiu decisivamente para a implantação do negócio, mas foi a conduta da empresa ao longo do tempo que lhe garantiu a liderança do segmento, hoje disputado por várias empresas. "A Ticket sempre honrou seus compromissos, mesmo com as mudanças provocadas pelos planos econômicos no passado", exemplifica Maria Fernanda. "No Plano Collor, quando todas as empresas ficaram com apenas 50 mil cruzeiros disponíveis em sua conta bancária, conseguimos funcionar normalmente e nenhum estabelecimento deixou de ser reembolsado. Foi com atitudes como essa que construímos a confiança que a Ticket inspira no mercado."

Investimento nas pessoas

Um traço marcante da Accor é a importância que dá ao desenvolvimento de seus profissionais – o que é, como frisamos neste livro, uma das maneiras de criar confiança, pois faz as pessoas se sentirem valorizadas e depositárias da confiança da empresa. Em 1985, quando pouco se falava em educação corporativa, a empresa inaugurou na França a Académie Accor, para desenvolver e difundir a *expertise* em serviços existente no grupo. Em 1992, foi a vez de o Brasil ganhar sua própria Académie, que 15 anos depois estendeu sua atuação para toda a América Latina. Mais do que treinar colaboradores para o desempenho de funções, a universidade corporativa visa à formação das pessoas em sentido mais amplo. Exemplo disso é a grande diversidade de atividades que promove, abrangendo todos os níveis de colaboradores. São bolsas de estudo e convênios para cursos universitários e de MBA; programas de educação básica, como alfabetização e supletivo; programas de *e-learning* e *coaching on-line*; treinamentos técnicos para funcionários iniciantes; programas em que os colaboradores compartilham entre si práticas gerenciais ou conhecimentos diversos, como idiomas ou informática. Ao longo de sua existência, a Académie criou inúmeras ferramentas de aprendizagem adaptadas aos ambientes da empresa, o que possibilitou levar a educação ao local de trabalho.

Para justificar a opção pela educação, e não apenas treinamento, o diretor corporativo de recursos humanos da Accor Latin America, Luiz Edmundo Prestes Rosa, cita o que ocorre em muitos *call-centers*. Segundo ele, o bom treinamento garante que o atendente de *call-center* responda às demandas do cliente de forma satisfatória. Se, no entanto, o cliente tiver uma necessidade não prevista no *script*, ficará sem uma resposta satisfatória. Já o que se espera do colaborador da Accor, segundo Rosa, é que ele tenha um relacionamento pleno com os clientes e seja capaz de usar de discernimento, iniciativa, sensibilidade e criatividade para responder às imprevisíveis situações do dia-a-dia.

Sem dúvida, é na hotelaria que mais se percebe a diferença que há entre simplesmente treinar e também educar. "É certo que a hotelaria tem tarefas repetitivas que requerem o domínio de certas técnicas: técnica para arrumar uma cama, para servir uma mesa ou fazer o *check-in* de um hóspede na recepção", diz Sálvio Cristófaro, diretor de recursos humanos da Accor Hospitality. Segundo ele, a empresa não se limita a treinar as pessoas para fazer um *check-in*, por exemplo, porque não há uma forma única de fazê-lo – mesmo porque os hóspedes são diferentes, as circunstâncias em que se hospedam são diferentes, os momentos são diferentes. "A técnica hoteleira não é difícil: o principal é a postura diante do cliente, o bom-dia, o olho no olho para falar com ele, a desenvoltura para lidar com uma reclamação. Por isso, nosso objetivo é ensinar o colaborador a ser e pensar."

A Accor demonstra predisposição para confiar e investir nas pessoas desde o recrutamento. Cerca de 50% dos colaboradores que ingressam em sua rede jamais trabalharam em hotel, e para 30% trata-se do primeiro emprego. O aprendizado de hotelaria começa logo que o funcionário chega para o primeiro dia de trabalho, quando é recebido com um café de boas-vindas, tapete vermelho e cumprimentos dos colegas e superiores hierárquicos. De acordo com Cristófaro, essa é uma maneira de mostrar ao recém-chegado que o princípio básico da hotelaria é o acolhimento: "E o mesmo acolhimento que dispensamos ao hóspede damos também ao funcionário". Vemos aqui uma clara situação de aprendizado pelo exemplo, que, segundo o diretor de recursos humanos, é muito valorizado nos hotéis Accor. É principalmente com os chefes e colegas mais experientes que os colaboradores novos aprendem a tratar um hóspede com cortesia ou a atender um hóspede mal-humorado.

Em decorrência do envolvimento com a educação corporativa, as pessoas sofrem uma sensível transformação, como testemunha Sálvio Cristófaro. "Aos poucos, elas mudam sua postura corporal, sua forma de falar. Um dia você vê um garçom iniciante tenso, transpirando para andar com uma bandeja cheia de copos. Mas, depois de alguns meses, ele já está valsando com sua bandeja pelo salão. Você vê pessoas de origem humilde virem trabalhar em um hotel cinco-estrelas e depararem com um luxo e um conforto que não existem no meio em que vivem, mas tempos depois elas se sentem à vontade ali, pois aprenderam a se portar naquele ambiente. Isso não é só um aprendizado, é uma mudança de paradigma." Na visão do executivo, tudo isso converge para a confiança: a pessoa torna-se mais autoconfiante e desenvolve uma forte relação de confiança com a empresa, pois percebe que está sendo feito um investimento em seu crescimento. A empresa, por sua vez, deposita cada vez mais confiança na pessoa, permitindo que ela tenha autonomia para tomar decisões.

Delegação de responsabilidades

O objetivo da educação corporativa – preparar colaboradores para atuar com iniciativa, criatividade, sensibilidade e discernimento – é coerente com a cultura e a gestão de pessoas da Accor, que favorecem a delegação de responsabilidades e a autonomia dos funcionários. "Se você não dá às pessoas autonomia para tomar decisões, elas serão incapazes de atender bem o cliente", sentencia Cristófaro. Segundo ele, a natureza e a estrutura da empresa exigem que se pratique amplamente a delegação, ou seria muito difícil administrar uma rede de 140 hotéis espalhados por 57 cidades, com funcionamento 24 horas por dia, 365 dias por ano. Um gerente de hotel ou supervisor de segurança não estão em seus postos o tempo todo, de modo que precisam delegar responsabilidades a seus auxiliares e confiar que estes farão bem seu trabalho. "Não se trata do tipo de delegação em que o chefe fica na retaguarda, vigiando, e sim uma delegação completa, para o colaborador agir sozinho", acrescenta o diretor de recursos humanos.

No cotidiano de um hotel, realmente, acontecem várias situações que demandam iniciativa e poder de decisão por parte de quem está de plantão em uma recepção, por exemplo. Certa vez, um hóspede foi informado da perda de um parente, no meio da madrugada, e precisou deixar o hotel às pressas para pegar o primeiro vôo possível. Naquele horário não havia táxi disponível, e um funcionário de plantão ofereceu-se para levá-lo em seu próprio carro. Tomou a iniciativa sozinho, sem pedir autorização nem hesitar em deixar seu posto por alguns minutos, pois considerou ser o único que poderia ajudar o hóspede naquele momento de necessidade.

Em outro episódio, um homem chegou à noite em um hotel dizendo ter sido assaltado: não portava documentos, talão de cheques, cartões de crédito nem dinheiro. Tudo o que tinha era o cartão de visita da empresa e uma reserva. O recepcionista, depois de confirmar que seu nome realmente constava da lista de reservas, decidiu acomodá-lo em um quarto. Deu ainda toda a assistência para que o hóspede fosse à polícia registrar boletim de ocorrência. Nesse caso, realizou um procedimento atípico, que é registrar um hóspede sem nenhuma garantia de pagamento pela diária. Assumiu um risco, mas no final deu tudo certo: o hóspede entrou em contato com sua empresa, que já no dia seguinte pagou o hotel.

Tolerância ao erro

De acordo com Sálvio Cristófaro, o que torna possíveis essas demonstrações de autonomia e iniciativa, além da maturidade necessária para tomá-las, é a tolerância ao erro que existe na Accor. "O colaborador sabe que pode tomar decisões e que pode errar. O erro faz parte do processo, é um momento de aprendizado", diz. De acordo com ele, o colaborador que comete um erro não é punido, mas auxiliado a identificar as causas do equívoco. Por fim, assume perante sua chefia que a situação não se repetirá e o caso é encerrado.

"No passado também cometi erros e não fui punida, pois a cultura da empresa considera o erro como oportunidade de aprendizado", diz Maria Fernanda Cordeiro, da Ticket. Ela conta que certa vez, por distração sua, a Accor deixou de apresentar um requisito para uma licitação e acabou perdendo a oportunidade. A conduta de seu gestor foi assumir o erro perante a direção da empresa e ajudar a colaboradora a perceber onde havia errado, para que a situação não tornasse a ocorrer. Hoje, Maria Fernanda é uma executiva de alto escalão e tem com sua equipe os mesmos princípios que seu gestor teve para com ela no passado. "Delego responsabilidades para as pessoas e deixo-as trabalharem, apenas faço um acompanhamento. Sei que elas fazem o melhor possível, e, quando um erro acontece, eu o assumo e ajudo quem errou a aprender."

Outra prática que contribui para o aprendizado é a reparação do erro, delegada, naturalmente, a quem errou. O diretor de operações da Accor Hospitality, Orlando de Souza, conta um episódio que mostra como as pessoas da empresa aprendem a fazer do limão uma limonada. "Certa vez, um hóspede reservou dois quartos com vários dias de antecedência. Foi muito específico quanto às acomodações e avisou que chegaria tarde, pois estaria vindo de um casamento. Mas, como problemas acontecem, quando ele chegou ao hotel as acomodações solicitadas não estavam disponíveis: o sistema havia derrubado a reserva. Ele ficou muito bravo, com razão, e o funcionário que o recebeu ajudou a encontrar vaga em outro hotel." Dias depois, Souza recebeu a reclamação por escrito que o cliente deixara no hotel e ligou para o gerente, para entender o que havia acontecido. O gerente se explicou, assumindo a responsabilidade por apagar a má impressão e reconquistar o cliente. Para encurtar a história, o gerente procurou o cliente para se retratar e ofereceu-lhe, como compensação para o incômodo, uma estada gratuita no hotel. "O resultado foi ótimo: o cliente ficou muito satisfeito com a consideração recebida e nós recuperamos sua confiança", conclui Souza.

O papel dos gestores

O papel exercido pelos gerentes dos hotéis é um bom exemplo de como a confiança permeia as relações profissionais na empresa, já que eles estão diretamente ligados tanto à direção quanto aos colaboradores operacionais.

Como todos os gestores do grupo, o gerente do hotel tem o chamado "contrato de gestão", no qual estão definidos suas prioridades e os objetivos a alcançar em relação a *people, service* e *profit*. Trata-se de um instrumento que permite ao gestor saber exatamente o que se espera dele, os critérios pelos quais será avaliado e o que pode e deve fazer. Pautado por esse contrato e investido de grande autonomia por sua direção, o gerente atua como se fosse o dono do negócio. "Ele tem a confiança da empresa, tem critérios e regras para seguir, então ninguém precisa vigiá-lo nem controlá-lo para que tudo dê certo", diz Sálvio Cristófaro. Segundo ele, o acompanhamento de indicadores de orçamento, gastos e resultados, da satisfação dos clientes e dos colaboradores é o suficiente para a direção da empresa saber se o gerente está cuidando bem de seu hotel.

"Temos total liberdade para tomar decisões", confirma Carlos Alberto de Almeida, gerente do Novotel Center Norte, em São Paulo. Ele diz que a confiança que a empresa deposita nos colaboradores foi algo que sentiu logo ao ingressar no grupo, em 1987, e é uma espécie de diferencial da Accor. "A confiança está presente na maneira como se faz negócios aqui. Nas outras empresas em que trabalhei antes de vir para cá percebi que a avaliação dos profissionais era feita sobretudo a partir dos resultados que apresentavam. Aqui não é só o resultado que conta, mas também a confiança: quanto mais confiança as pessoas têm em você, mais você cresce. É uma empresa de cultura humanista, que valoriza o caráter."

Almeida se diz muito satisfeito com a autonomia que tem para tomar decisões. Seu nível de aprovação de despesas é bastante alto, o suficiente para fazer tudo de que o hotel precisa para funcionar bem. "Passo meses sem ir à sede administrativa por absoluta falta do que tratar lá. Quando há necessidade de fazer um investimento, resolvo tudo por telefone com meus superiores. Eles dizem que, se eu considero que o investimento será bom para a empresa, então é o que basta. Afinal, sabem que não vou fazer gastos inconseqüentes nem algo que coloque em risco a marca. Eles confiam."

A mesma relação de confiança que a direção tem para consigo Almeida busca cultivar com sua equipe. "Tenho a confiança como um dos valores fundamentais do relacionamento humano; em princípio, quero confiar e dou espaço para confiar." A clareza é um de seus traços de comportamento mais característicos, e ele é conhecido por dizer a verdade e o que precisa ser dito, "seja agradável ou desagradável". Por outro lado, demonstra que também sabe receber *feedback* e mantém a porta de sua sala aberta para quem quiser falar com ele. Mais de uma vez, o gerente ouviu de seus colaboradores que ele "vende confiança" por dizer o que pensa.

"Como gestor, procuro também ser justo e coerente, porque essas qualidades caminham ao lado da confiança", acrescenta. Para dar um exemplo de como isso funciona no dia-a-dia, ele conta uma situação que se passou certa vez, quando decidiu contratar um novo *chef* para a cozinha. A contratação desagradou alguns colaboradores que desejavam o cargo, e começaram a ecoar cochichos e resmungos pelos corredores. Assim que tomou ciência da situação, Almeida reuniu a equipe e explicou que, se havia contratado alguém de fora, é porque ninguém ali atendia aos requisitos da função. "Falei um a um quais eram os requisitos necessários, mostrei o currículo do *chef* selecionado e disse que, se alguém ali tivesse uma qualificação à altura das exigências, eu assumiria meu erro e voltaria atrás na contratação", conta. Como na verdade ninguém tinha os requisitos exigidos, o caso deu-se por encerrado. Mais tarde, os colaboradores descontentes procuraram o gerente para se desculpar, a situação foi superada e não restou nenhum ressentimento.

Outro comportamento que Almeida considera importante para a criação de confiança é o cumprimento da palavra dada. "Se eu prometo uma coisa, atazano todo mundo, inclusive a mim mesmo, para cumpri-la", diz, lembrando-se do caso de um colaborador que o procurou há vários anos e, com muito constrangimento, contou que estava infectado pelo vírus da Aids. Isso foi no começo dos anos 1990, quando havia um forte preconceito contra a doença e o governo brasileiro ainda não tinha uma política pública de assistência aos soropositivos de HIV. Nem mesmo a família do colaborador sabia de sua situação. "Ele estava muito preocupado, pois o plano de saúde não custeava o tratamento para a Aids nem ele próprio podia fazê-lo com um salário de faxineiro. Procurei tranqüilizá-lo e disse que, como gerente do hotel, assumia o compromisso de lhe dar uma assistência médica adequada." Por algum tempo, Almeida custeou consultas médicas e remédios para o colaborador – algo que não estava previsto nas políticas da empresa. "É claro que fiz o que fiz com critério, dentro de certos limites. Não internei o colaborador em um hospital de luxo, o que fiz foi arrumar um médico para acompanhá-lo. A despesa mensal equivaleria hoje a um salário mínimo, talvez. Fui questionado por meus superiores, apresentei minhas justificativas e sustentei a decisão."

O gerente não tem dúvida de que uma relação de confiança se traduz em um bom clima de trabalho e, conseqüentemente, no alto desempenho das pessoas e da empresa. Em seu hotel, o índice de satisfação dos colaboradores é de 93%, e o dos clientes, acima de 90%. "Os clientes comentam que são bem atendidos aqui, que os funcionários são atenciosos e sorridentes. Os hóspedes mais freqüentes criam uma ligação afetiva com o hotel, dizem que se sentem em casa", conta Almeida. "O mérito disso não é só meu, porque o gestor é como um árbitro que orienta o trabalho. Conto com uma equipe que joga o mesmo jogo e tem os mesmos valores."

Canais de comunicação

Uma prática amplamente adotada na Accor é manter canais de comunicação entre a alta direção e os colaboradores. Na divisão de hotelaria, por exemplo, os executivos mais ligados ao aspecto operacional aproveitam as visitas aos hotéis para promover o que chamam de "mesa aberta", uma conversa informal com os colaboradores de todos os níveis. O diretor de operações da Accor Hospitality, Orlando de Souza, é quem mais se ocupa dessas conversas; outro executivo que as realiza é o próprio diretor-geral da Accor Hospitality América Latina, Roland de Bonadona.

Segundo Souza, são dois os objetivos dessas conversas. Um é sentir o clima, ver como andam as coisas. O outro – e mais importante – é demonstrar que a alta hierarquia da empresa se preocupa com as pessoas e quer saber como elas estão. "Sabemos que elas se sentem bem com nossa presença, gostam de ter a diretoria por perto. Quando é o Bonadona que vai, então, é ótimo, porque os colaboradores percebem que ele não é um 'ente espiritual', e sim alguém com quem podem conversar." A mesa aberta é uma reunião informal, que não tem data marcada para acontecer, nem convocação, nem pauta, nem mesmo mesa – apenas um círculo de cadeiras. Segundo o diretor de operações, esses encontros nem de longe podem ser formais ou estruturados, pois isso inibiria os participantes. Apenas se avisa que há um executivo do grupo na área e comparece quem desejar, para conversar sobre o que quiser. "É bastante comum que as pessoas coloquem algumas reclamações pontuais, e por isso eu sempre deixo bem claro quais são os compromissos que temos condições de assumir e os que não temos. Mesa aberta não é para pedir aumento de salário, e sim melhorias nas condições de trabalho ou algo que eventualmente esteja faltando no hotel. Aproveitamos essas ocasiões para tirar dúvidas que os colaboradores têm sobre práticas, critérios e políticas da empresa, pois há certos assuntos que não cabe ao gerente, e sim a nós, da corporação, explicar aos colaboradores."

Na Accor, a comunicação não acontece apenas no eixo vertical – entre direção e operação –, mas também horizontal, entre companheiros de trabalho. Um bom exemplo dessa troca transversal de informações é o Clube de Sinergia, criado por iniciativa dos próprios colaboradores. "Os colegas de Hospitality e de Services sentam à mesma mesa e buscam maneiras de ganhar juntos com a sinergia de seus negócios", conta Alaor Aguirre, diretor-executivo de negócios da Ticket. "Temos duas marcas fortes, Accor e Ticket: então montamos um mapa de relacionamento com os clientes de cada marca e buscamos novas oportunidades de negócios tanto para serviços como para hotelaria", acrescenta.

Trajetórias de sucesso

Em um livro comemorativo dos 15 anos de fundação da Académie Accor, intitulado *Educação faz diferença*, encontram-se vários depoimentos de colaboradores. São pessoas como o Moisés Araújo, que ingressou na Accor como garçom, mesmo sem ter experiência, e pouco mais de um ano depois assumiu um posto na recepção: "Meu sonho não pára, e agora quero ir para a área administrativa do hotel". Odair Rodrigues da Silva conta que começou a vida profissional como pedreiro, ingressou na Accor Services como colaborador operacional e hoje é supervisor: "No começo, enfrentei muitas dificuldades e achei que a desistência era o melhor caminho, mas as palavras de encorajamento de um antigo gestor me ajudaram muito". Allan Araújo, líder de turno da recepção de um hotel, diz: "A Accor me fez hoteleiro, me capacitou, me deu ferramentas para me desenvolver".

Esses depoimentos são uma pequena amostra de algo que chama a atenção na Accor: os colaboradores se identificam com a empresa, recebem incentivos e apoio para crescer profissionalmente e, não raro, fazem longas carreiras. "É difícil de explicar, mas as pessoas sentem algo especial, uma satisfação, um contentamento por trabalhar aqui", testemunha Alaor Aguirre. Entre os executivos, é comum encontrar quem tenha 15, 20 ou 25 anos de empresa – o próprio Aguirre já completou bodas de prata na casa. O presidente do grupo no Brasil, Firmin António, está no posto desde 1976. Isso chega a ser incomum hoje em dia, quando a dinâmica do mercado e a competitividade fazem com que os executivos não fiquem muito tempo na mesma organização. Aguirre diz que já se questionou até que ponto é interessante ficar tanto tempo no mesmo emprego, mas não vê razão para mudar. "Como a empresa oferece muitas possibilidades de carreira e novos desafios, a gente se movimenta bastante e cresce aqui dentro. Eu mesmo já passei por sete ou oito áreas. Acho que a permanência na Accor é motivada pelo fato de a empresa investir no desenvolvimento das pessoas e o sentimento de confiança que existe aqui dentro."

Com tudo isso, se alguém ainda tinha dúvidas de que a confiança é importante para o sucesso de pessoas e empresas, o caso da Accor, no mínimo, motiva a uma revisão de conceitos.

Human Management Systems

Confiar nas pessoas para gerar confiança e, assim, ter uma atuação bem-sucedida com os clientes. Esse é o princípio que permitiu à Human expandir sua atuação das cidades espanholas de Pamplona e Bilbao para a chinesa Xangai e as brasileiras São Paulo, Joinville, Betim, Vitória e Macaé. Trata-se de um feito notável para uma empresa de médio porte do ramo de consultoria, cujo sucesso depende fundamentalmente da capacidade de atrair e reter profissionais talentosos – além, é claro, de criar estreitos e duradouros vínculos com seus clientes.

Um dos grandes orgulhos da Human, aliás, é a alta taxa de fidelização da clientela. De acordo com Fernando Sucunza Saldize, presidente-geral da Human, 90% da carteira constitui-se de empresas que vêm sendo atendidas ao longo de anos. "Normalmente entramos numa organização com a consultoria de recrutamento e seleção de pessoas, que posteriormente evolui para consultoria em gestão de pessoas e, por fim, para consultoria em competitividade global", diz. Na Espanha, os principais clientes da empresa concentram-se nos setores bancário, farmacêutico e automotivo.

A fidelidade é um indicador concreto da confiança que a Human inspira nos clientes, e, entre as atitudes que edificam essa confiança, transparecem a competência, a confidencialidade, a clareza e o comprometimento. Para dar um exemplo do quanto a competência da consultoria é reconhecida, Sucunza cita a realização de processos seletivos para a Polícia Autónoma Vasca, que requerem elevado grau de rigor, especificidade e responsabilidade. "Nossa consultoria tem prestígio junto a vários órgãos públicos da Espanha, e com freqüência participamos da realização de concursos públicos, que exigem grande seriedade e ética", acrescenta o executivo.

A confidencialidade é uma característica inerente ao trabalho de consultoria, que coloca a Human em contato com assuntos sigilosos dos clientes. Adicionalmente, por realizar processos seletivos, a confidencialidade tem de estar presente também no relacionamento com os milhares de pessoas que participam dos processos como candidatas. Esse relacionamento com os dois agentes envolvidos na seleção – empresas e candidatos – exige da Human uma postura rigorosamente equânime no que diz respeito à confidencialidade. Ao mesmo tempo em que se compromete a não recrutar profissionais que fazem parte dos quadros de seus clientes, respeita o direito que esses profissionais têm de candidatar-se espontaneamente aos processos seletivos realizados para outras organizações. "Aceitamos candidatos procedentes de nossas empresas-clientes e, em respeito ao segredo profissional, garantimos que sua intenção de mudança será mantida em sigilo. Ainda assim, temos o cuidado de orientá-los, durante as entrevistas, a comunicar essa intenção diretamente aos seus superiores", explica Sucunza. Segundo ele, quando se constata que um significativo número de funcionários de uma empresa-cliente participa de processos seletivos externos, a Human sente-se na obrigação de alertá-la de que há funcionários insatisfeitos – sem citar nomes, naturalmente. Com isso, leva ao conhecimento do cliente indícios de possíveis problemas de ordem motivacional ou salarial.

No que diz respeito à clareza, Sucunza destaca a preocupação de sua empresa em usar uma linguagem que o cliente entenda. Enquanto muitas consultorias procuram preservar seu conhecimento com modelos complexos e uma terminologia técnica de difícil entendimento, a Human preocupa-se em emitir pareceres em linguagem acessível, com clareza, precisão e simplicidade, de modo que o cliente possa compreender o que se passa e, assim, tomar suas decisões com segurança.

A clareza também se manifesta na atitude de dizer a verdade, por mais inconveniente que ela possa parecer. Quem conta uma situação que exemplifica essa postura é o diretor-presidente da Human no Brasil, Paulo Roberto Giusti. "Certa vez, numa empresa para a qual estávamos trabalhando, percebemos que o diretor estava levando a operação para um destino catastrófico. Convocamos os acionistas da empresa para uma reunião em local externo e abrimos o jogo com eles. Demonstramos que a gestão estava sendo feita de forma equivocada e os resultados seriam muito ruins", diz Giusti. Ele considera que falar a verdade de forma aberta, honesta e direta, mesmo que isso possa desagradar ou contrariar algum integrante da empresa-cliente, também é uma maneira de demonstrar comprometimento com os resultados dele.

Outra maneira como o comprometimento se manifesta, na visão de Fernando Sucunza, é pelo empenho da Human em atender às necessidades do cliente. Há trabalhos que precisam ser realizados com muita rapidez, mobilizando grande número de consultores. Há circunstâncias que fazem os consultores ter de trabalhar em momentos pouco convencionais, como noites ou finais de semana. Há, ainda, situações de dificuldades ou mudanças enfrentadas pelo cliente que obrigam a consultoria a mudar sua programação de trabalho. "A capacidade de nos adaptar às exigências do cliente é uma das características-chave do serviço da Human", arremata.

Por outro lado, podem acontecer também situações em que a consultoria é contratada para realizar determinado trabalho e descobre, no meio do caminho, que a real necessidade do cliente é bem menor. Qual será a atitude da Human nesse caso? Quem conta é o diretor-presidente no Brasil. "Isso aconteceu com um cliente que contratou cinco dias de diagnóstico para a verificação de como estava sendo realizado certo processo na empresa. Mas, com dois dias de trabalho, chegamos à conclusão de que o cliente não tinha o que pensava ter", relata Giusti. A atitude tomada foi recomendar a interrupção do diagnóstico, já que o trabalho não levaria a nada. Encerrou-se o processo, entregou-se o relatório e cobraram-se apenas dois dias de diagnóstico. "Agora, quem tomou a decisão de proceder dessa maneira foi o próprio consultor que encabeçava o projeto", destaca o diretor-presidente. "Sem ter que consultar ninguém da direção, ele tomou essa iniciativa por achar que era o correto a fazer."

Confiança e comprometimento

A atitude do consultor nesse episódio reflete a confiança que a Human deposita nos seus colaboradores. De acordo com Fernando Sucunza, os profissionais da consultoria têm autonomia e independência para atuar. "Nada disso seria possível se não houvesse a certeza de que o colaborador respeitará os princípios da empresa e um compromisso em cumprir suas obrigações. Isso se reflete no fato de que os consultores tomam decisões pouco usuais para a maioria das empresas, seja em negociações de contratos ou aplicação de descontos em determinadas situações. Para tanto, utilizam critérios que têm como base os princípios da empresa."

Outra prática que espelha a confiança nos colaboradores é o sistema de revezamento na liderança de projetos adotado pela Human. "O líder de um projeto é aquele que tem o perfil mais adequado para exercer a função de acordo com a situação; não se trata de uma liderança instituída pelo cargo, e sim pela especialidade profissional exigida para aquele trabalho", explica Paulo Giusti. Por exemplo: em um projeto de mudança de clima organizacional que tenha como integrantes uma psicóloga, um administrador de empresas e um diretor da Human, esse diretor não necessariamente será o líder, mas talvez a psicóloga. Nessa função, ela coordenará o trabalho da equipe, e o diretor participará como consultor. "Evidentemente", observa o diretor-presidente, "o profissional escolhido para coordenar um projeto precisa ter também competências de liderança e gestão."

Numa empresa em que há revezamento na liderança de projetos, é coerente que os diretores sejam abertos, acessíveis e de fácil relacionamento, como conta Giusti. Segundo ele, a direção trata a todos os colaboradores da mesma maneira, dá a eles as mesmas oportunidades de crescimento e valoriza suas opiniões. Os colaboradores, por sua vez, sentem-se à vontade em opinar, trocar informações e compartilhar suas dificuldades. Não guardam os problemas para si, mas buscam a ajuda uns dos outros. "Aqui há cumplicidade no relacionamento entre as pessoas e todos se ajudam, pois sentem-se responsáveis pelo resultado a atingir."

Tal comprometimento com os resultados não se mostra apenas nos momentos de bonança, mas nos de dificuldades também. Foi o que se viu, por exemplo, quando os primeiros efeitos da recente crise financeira global foram sentidos pela consultoria. "A queda nas vendas poderia trazer desmotivação para os consultores, mas o que ocorreu foi o contrário: eles se engajaram em propor soluções para os problemas. Sugeriram maneiras de reduzir custos, inclusive com a diminuição da própria remuneração, e propuseram até sair para a rua e ajudar a equipe comercial a vender", lembra o diretor-presidente. Como o comprometimento é uma via de mão dupla, a empresa engajou-se em conseguir trabalho para os profissionais que tiveram de ser desligados. "Todos os colaboradores foram recolocados em empresas de nosso relacionamento, o que permitiu manter nosso vínculo de confiança com eles. Em algum momento, poderão voltar a trabalhar conosco novamente."

Feedback e tolerância aos erros

É por meio de *feedbacks* constantes, incorporados ao dia-a-dia da empresa, que as lideranças da Human colocam em prática a variável clareza no relacionamento com os colaboradores. Marcos Vivone, diretor de novos negócios no Brasil, diz que os encontros para a avaliação de desempenho em sua área ocorrem pelo menos duas vezes por semana. "São reuniões do tipo olho no olho, em que discutimos com cada um o que está indo bem e o que não está. Dizemos para o funcionário o que está faltando e ele tem a oportunidade de colocar o que falta para ele também."

Vivone cita o caso de um colaborador que por muito tempo havia sido vendedor externo – do tipo que passa o dia visitando clientes – e estava com dificuldades para trabalhar com vendas por telefone. "Ele não tinha disciplina para executar as rotinas do trabalho, como entrar no sistema e cadastrar o cliente." Por meio de reuniões de *feedback*, foram sendo colocados para o vendedor os pontos que era preciso trabalhar e melhorar até que ele se ajustou aos procedimentos. "Agora, se agíssemos como uma empresa que trabalha com metas e não dá retorno para o colaborador, ele acabaria sendo dispensado e pronto."

De acordo com o diretor, o estilo de liderança praticado na Human não se baseia em cobranças, mas sim em bons exemplos e apoio. No caso de vendedores novos, por exemplo, sabe-se que inicialmente eles terão dificuldade para entender os produtos da empresa, que são muito específicos e técnicos, assim como para lidar com os clientes, que também são muito técnicos. Então, os recém-chegados passam algum tempo aprendendo a fazer o trabalho com colegas mais experientes. Na etapa seguinte, começam a trabalhar sob monitoramento, até que estejam prontos para assumir sozinhos a responsabilidade de atender um cliente.

Em vez de ocupar-se do microgerenciamento – o rígido controle do que o colaborador faz ou deixa de fazer –, as lideranças da Human preferem dar diretrizes, fornecer os recursos e deixar que cada um gerencie a si mesmo, ainda que haja o risco de errar. "Seria muito bom se tivéssemos um trabalho perfeito, zero falha, mas isso não funciona. Quem não erra não tenta", diz Vivone. Quando há erros dos colaboradores, a conduta é investigar as causas, identificar quem errou, abordá-lo com tranqüilidade e corrigir a falha o mais depressa possível, obtendo da pessoa o compromisso de não errar mais. Na visão do diretor, exercer um estilo de liderança punitivo ou focado em erros não funciona.

"Temos o que costumo chamar de paciência estratégica. Não se trata de permissividade, e sim uma consciência de que há um tempo de gestação para que as coisas funcionem", comenta Vivone. Para exemplificar o que é "paciência estratégica", ele conta um episódio que começa com a queixa de um cliente que não recebera os certificados de conclusão de um curso oferecido pela Human – isso, meses depois dele ter sido dado. Tratava-se de um cliente importante, que comprava muito, e a situação era delicada, pois colocava em jogo a confiança depositada na consultoria.

A primeira atitude da empresa foi perguntar ao consultor o que havia acontecido com os certificados, e ele reconheceu que os havia esquecido em casa. "Nossa abordagem foi feita com muita tranqüilidade, e ele também respondeu com tranqüilidade. Mas, se tivéssemos falado com ele sob o calor da emoção, talvez ficasse com medo de reconhecer seu erro, inventasse uma desculpa esfarrapada e a causa do erro jamais seria conhecida", conta o diretor.

E o episódio não parou por aí. Para prevenir novos erros, foi feita uma revisão do processo de emissão de certificados e descobriu-se que estava sendo ignorada uma função de alerta do sistema, que sinaliza uma situação de pendência enquanto o certificado de uma turma não foi enviado. Tratava-se de outro problema grave – negligência –, mas antes de qualquer coisa perguntou-se ao operador do sistema por que motivo estava ignorando o alerta. "O operador justificou que o sistema acusava pendências do Brasil inteiro e isso gerava uma lista enorme, com tanta coisa que não lhe dizia respeito que ele deixou de olhar. Então perguntamos que solução ele propunha para o problema, e o operador sugeriu a colocação de um filtro no sistema, para mostrar apenas o que era de seu interesse."

A idéia do colaborador foi implementada. Colocou-se um filtro no sistema, para que mostrasse exatamente o que o usuário queria saber, e resolveu-se o problema. E assim o erro do consultor que deixou de entregar os certificados acabou resultando numa ação que melhorou a qualidade do trabalho da consultoria. "Agora, se no começo da história tivéssemos simplesmente chamado a atenção do consultor, ele ficaria constrangido ou com medo, o que poderia comprometer a qualidade de seus trabalhos para outros clientes. Não teríamos descoberto o problema do sistema, não o teríamos resolvido – e, mais tarde, outro cliente também poderia ficar sem certificados", raciocina Vivone.

"Por isso falamos em paciência estratégica. Como líderes, temos que pensar sistemicamente e atuar como solucionadores de problemas. Isso gera confiança e um nível de comprometimento ainda maior por parte do colaborador, pois ele percebe que a empresa o trata com respeito, sabendo que uma coisa são as pessoas, outra coisa são os erros que elas cometem. As pessoas erram, mas têm o seu valor. É preciso separar as coisas."

E na verdade, em uma empresa que se chama *Human*, não poderia ser diferente.

Leila **Navarro**   José María **Gasalla**

Conclusão
Conclusão
Conclusão

5

A utopia possível

Confie nos homens e eles se revelarão confiáveis; trate-os com grandeza e eles se mostrarão grandiosos.

RALPH WALDO EMERSON

Nós dois sabemos que, depois de ler todas essas páginas, você pode estar bem impressionado com nossa defesa da confiança, mas ainda assim às voltas com uma série de questionamentos. Se estivéssemos em uma palestra e você, na platéia, talvez estivesse tentando identificar em nossos gestos e expressões algum sinal subjetivo que comprovasse nossa fé na confiança; quem sabe até viesse nos procurar ao final do evento para nos inquirir e certificar-se de que nossas palavras não são da boca para fora, e sim a manifestação de convicções internas.

Nada disso nos surpreende, pois, como dissemos desde o começo, temos consciência de estar nadando contra a corrente. Para a maioria das pessoas, confiança é um tema quase esotérico, algo que "não pertence a este mundo". Podemos até imaginar algumas perguntas que você eventualmente gostaria de fazer:

Gasalla, diante do cenário que encontra hoje nas empresas, você acha que elas poderão evoluir rapidamente para um modelo de

Gestão por Confiança ou isso é algo que ainda levará alguns anos para começar a acontecer?

É difícil fazer essa previsão, mas vejo que as empresas estão mudando, o que é um bom sinal. Trabalho como consultor de grandes corporações há 30 anos e observo que os relacionamentos se transformaram nos últimos tempos. Costumo comparar o que acontece agora na empresa com o que já aconteceu na família, em que o relacionamento entre pais e filhos ficou mais próximo, com maior abertura para o diálogo e o questionamento. Nas empresas isso também começa a ocorrer entre chefes e colaboradores, embora em menor grau devido à eterna luta pelo poder que as pessoas travam no ambiente corporativo. São grandes os desafios pela frente, e às vezes sinto que falar sobre confiança nas empresas é como falar da Santíssima Trindade. Há dias que acordo de manhã e penso: "José María, você está maluco, as pessoas não querem saber dessa história de confiança". E há dias em que me animo com a idéia de criar uma cultura que aos poucos vai se disseminando e contagiando grupos cada vez maiores.

Acredito que mais cedo ou mais tarde a mudança se concretizará, seja gradativamente, seja abruptamente, acelerada por uma grande crise – e talvez estejamos bem próximos dela. Nosso modelo econômico está produzindo profundas desigualdades e injustiças, destruindo o meio ambiente e comprometendo o futuro da humanidade. Em algum momento, essa ordem irá ruir, e a confiança pode ser um caminho de resgate das coisas mais simples, do básico – e o básico é conseguir confiança entre os seres humanos. As coisas irão mudar quando confiarmos uns nos outros. Sei que é uma utopia, mas precisamos de utopias. Talvez não a realizemos por completo, mas quem sabe uma parte. O que realmente importa, se queremos produzir uma mudança nas organizações, é começá-la a partir de nós mesmos.

Leila, como você se envolveu com o tema da confiança? Não é um assunto um pouco sério para quem sempre falou de automotivação, felicidade e sucesso?

Mas a confiança tem tudo a ver com isso! Percebo que sempre falei dela, só que não diretamente como falo agora. O que é uma pessoa automotivada? É a que tem autoconhecimento, sabe quais são os seus talentos e os utiliza para realizar seus sonhos e cumprir o seu propósito de vida. Porém, nada disso seria possível se ela não confiasse em si mesma, certo? A pessoa automotivada tem uma grande força interna que a impulsiona a superar obstáculos, mas isso não a torna infalível e sempre vencedora. Ela também erra e precisa aprender, está sujeita a crises, perdas e fracassos como qualquer outra – e aí entra a confiança no Universo, que a faz acreditar que nasceu para ser feliz e que toda situação difícil traz uma possibilidade de aprendizado. A pessoa automotivada pode ter muito poder, mas não é capaz de fazer tudo sozinha. Para muitas coisas precisará de colaboração, e aí entra a confiança no outro. Conclusão: para ter sucesso e felicidade, a pessoa automotivada precisará confiar. E muito!

Não parece simples ser tão confiante... Quem você conhece que é assim, Leila?

Confiar pode ser simples, sim, nós é que complicamos.

Quando penso nas pessoas confiantes que conheço, a primeira de quem lembro é uma moça que participou de um de meus *workshops*, Maria Rita de Paiva Souza. Estávamos discutindo a questão da confiança, então ela ergueu o braço e disse: "Para mim, confiar é uma questão de sobrevivência". E é mesmo: ela ficou completamente cega aos 21 anos, devido a uma doença degenerativa que começou a lhe tirar a visão desde criança, e se não tivesse confiança, simplesmente não levaria a vida ativa que leva.

Maria Rita é casada, psicóloga, faz mestrado e trabalha no setor de atendimento ao cliente de um laboratório farmacêutico. Ela diz que sua condição jamais a impediu de fazer as coisas que precisa e quer fazer, mas para isso foi preciso aprender a confiar no escuro, já que depende dos outros para quase tudo. Situações corriqueiras para nós, que enxergamos, exigem dela uma confiança incondicional e instantânea. Se sai sozinha na rua e precisa saber a direção a seguir, simplesmente pergunta ao primeiro pedestre que cruza seu caminho. Não há tempo de conversar com a pessoa para saber se é de confiança: Maria Rita parte do princípio de que o outro agirá de boa-fé e lhe dará a informação correta. Nem lhe passa pela cabeça que alguém possa mandá-la para o lugar errado ou queira prejudicá-la, e de fato isso nunca aconteceu.

"Nunca me privei de nada nem deixei de ir a algum lugar porque tive medo. Não fico pensando muito para fazer as coisas, simplesmente tenho que confiar e agir", diz. Para fazer compras para sua casa, por exemplo, pede a ajuda de um funcionário do supermercado. Ela vai dizendo as coisas de que precisa e o funcionário enche o carrinho. Na hora de pagar, ouve o valor que a moça do caixa informa, entrega o cartão do banco e digita a senha, tudo na maior confiança. E pensar que nós, as pessoas "normais", conferimos a nota do supermercado para ver se está tudo certo e digitamos a senha com discrição para que ninguém olhe...

No local de trabalho, Maria Rita freqüentemente precisa da ajuda dos colegas, mas nesse caso é mais seletiva, pois sente o clima de competição do ambiente e acha que tem de ser cautelosa. "Pela voz ou o jeito como a pessoa fala comigo, percebo se está ajudando de boa vontade ou por obrigação. Logo descubro com quem dá para contar e com quem não dá, e peço ajuda a quem está disposto a colaborar." Para ela, diferentemente do que acontece com a grande maioria das pessoas, confiança é a regra e desconfiança, a exceção. Seu primeiro impulso é sempre confiar, e só se o outro se revelar não confiável por meio das atitudes é que fica atenta.

Ela acha compreensível que as pessoas sejam desconfiadas para se proteger em um mundo cheio de problemas, conflitos e violência, mas tem uma maneira diferente de lidar com isso. "Sempre espero o melhor das pessoas e acredito que isso as estimula a corresponder com o que têm de melhor. Também estou convencida de que, se ofereço o que há de melhor em mim, elas poderão rever seus conceitos sobre confiança. E mesmo quando peço uma informação ao estranho que passa na rua estou oferecendo algo, que é meu voto de confiança de que ele irá ajudar. E sabe de uma coisa? Jamais me arrependi por ter confiado, jamais se aproveitaram da situação para levar vantagem sobre mim. Não sei explicar o porquê disso, mas o fato é que nunca sofri qualquer mal."

É admirável ver alguém que vive na confiança, não? Maria Rita confia nos outros e também (e muito) em si mesma, em seus talentos e competências. "Se não fosse autoconfiante, quem me daria emprego? Estou em situação de desvantagem com relação a outras pessoas, preciso me mostrar segura do que sou capaz." Confia também na vida, é otimista, faz planos para o futuro e a carreira. Seu projeto é trabalhar como psicóloga e dar palestras sobre inclusão social e motivação, temas que conhece bem e sobre os quais acredita ter muito a compartilhar com as pessoas. "Sei que as oportunidades para realizar meu propósito aparecerão."

Considero essa moça um exemplo inspirador de confiança. Uma confiança que não é cega, mas lúcida. Que é isenta de preconceito, sem julgar como a pessoa está vestida, qual é a cor de sua pele, se parece bonita ou feia, pobre ou rica. Que não se baseia na aparência, mas na essência. Maria Rita mostra que a confiança é algo que vem de dentro de nós, ela não precisa ver, apenas crer.

Gasalla, você costuma citar o grupo Mondragón, uma grande cooperativa de abrangência global, como exemplo de empresa que cultiva a confiança. Acredita que o futuro das organizações atuais está no modelo cooperativo?

Acho realmente que se trata de um modelo válido, pois permite que as pessoas trabalhem alinhadas. Hoje as empresas exaltam a colaboração, a solidariedade, o compartilhamento de informações, os valores organizacionais etc. – e tudo isso são características que as cooperativas têm. No caso das empresas tradicionais, porém, essas características ficam só no plano das intenções. Há uma grave falta de coerência entre discurso e prática que acaba produzindo falta de confiança e credibilidade.

Em minha visão, o modelo de empresa capitalista, como o conhecemos hoje, antagoniza com os valores da colaboração, da participação e da solidariedade porque na verdade produz muitas diferenças sociais e econômicas. Os capitais estão cada vez mais concentrados nas mãos de poucos, e esses grupos de grande poder investem e desinvestem onde acham mais interessante a cada momento. O resultado é este mundo em que tudo pode mudar de um instante para outro, um mundo volátil, incerto, inseguro.

Não creio que a saída esteja em uma reforma do capitalismo, mas talvez em um modelo que democratize o capital e promova a recuperação dos valores da pessoa. Em seu livro *O fim dos empregos*[1], Jeremy Rifkin prevê que neste século as empresas do terceiro setor e as de economia social, ou seja, as cooperativas, terão um papel de grande destaque. Penso que o modelo cooperativista é progressista e ao mesmo tempo assentado em raízes tradicionais, como uma grande família. Mas isso não significa que todo mundo tenha de pensar da mesma maneira: pode haver sim a diversidade de visões e opiniões que as pessoas manifestam livremente. O estilo de direção na cooperativa é mais democrático porque as pessoas são parceiras, há espaço para a humildade, a generosidade e a confiança. Para mim, de fato, o futuro das empresas pode ser por aí.

[1] RIFKIN, Jeremy. *O fim dos empregos*. São Paulo: Mbooks, 2006.

É tentador terminar um livro falando do futuro, criando a visão de um cenário inspirador e feliz, no qual todos os nossos problemas estão resolvidos. Em se tratando de confiança, porém, não podemos nos dar ao luxo de falar de futuro e postergar para a próxima década, ou quem sabe a próxima geração, a utopia possível de que falamos aqui. Criar confiança entre os seres humanos é uma questão urgente, é uma providência para ontem!

Sabemos que, no nível individual, isso não é algo que se resolva num estalar de dedos. Leva tempo, exige persistência, requer inclusive coragem. Felizmente, confiança é um comportamento que pode ser praticado e aprendido, primeiramente em um ambiente mais previsível e seguro, com as pessoas mais próximas e em situações que não ofereçam grandes riscos. À medida que repete essa conduta e obtém bons resultados, o indivíduo sente-se cada vez mais seguro para confiar. Isso gera um efeito reflexo que contribui para acelerar e fortalecer o processo, pois confiar no outro o inspira a retribuir a confiança. Estabelece-se então uma reciprocidade que alimenta a espiral da confiança nos relacionamentos.

Sabemos também que, no nível organizacional, a criação de um ambiente de confiança demanda certo esforço para romper resistências e padrões de comportamento que estão firmemente arraigados nas empresas. No entanto, se os líderes se empenharem seriamente nisso, preocupados em dar o exemplo e criar novos parâmetros de atitude, a confiança se irradiará para todos os níveis da organização, tal como as ondas que se formam quando atiramos uma pedra num espelho d'água.

Sim, confiança é mesmo um assunto difícil e polêmico. Por outro lado, e para nosso consolo, é algo que todos desejamos para nossas vidas, pois proporciona a sensação de segurança, traz paz de espírito, evita conflitos, elimina dúvidas, cria certezas, fortalece vínculos, nos faz sentir respeitados, protegidos, amados.

Se confiar é uma utopia, bendita seja. Por ela vale a pena fazer esforço e correr algum risco. A recompensa, afinal, é um mundo melhor.

Mas, como qualquer outra coisa na vida, a confiança será um tema interessante e importante desde que cada um creia nisso. Eis o caminho: ir buscando e encontrando os benefícios que nos incentivam a confiar cada vez mais uns nos outros.

Leila **Navarro**   José María **Gasalla**

Confia!

Não nascemos sabendo, apenas confiando
Confiamos nos braços que nos erguem do berço e nos acolhem
Nas palavras que nos ensinam, nos passos adultos que nos guiam
Confiamos no beijo que sara o dedo machucado
Que guardarão nossos segredos e cumprirão todas as promessas
Confiamos no amigo que pede emprestado o brinquedo para
devolver depois
No super-herói que detém todos os bandidos
No amor eterno da primeira namorada
Na estrela cadente que realiza os desejos

Crescemos e nos tornamos sabidos
Muitas coisas acontecem e nos ensinam a desconfiar
Braços que se cruzam e nos negam apoio
Palavras ditas da boca para fora
Pessoas que nos conduzem a becos sem saída
Beijos que ferem
Segredos violados, promessas quebradas
Amigos que tomam algo emprestado e nunca mais devolvem,
somem
Heróis vira-casacas
Amores que juram durar até o fim da vida, mas terminam no
meio do caminho
Falsos brilhos decadentes

Mas a confiança é parte da nossa natureza
E, aconteça o que acontecer, nunca deixamos de confiar
Que haja braços sempre abertos
As palavras sejam de desculpas
Os passos nos levem de volta para casa
Os beijos sejam de reconciliação
Que os segredos sejam esquecidos, as promessas jamais
Que os amigos sempre se lembrem de nós
Os heróis se redimam
Os amores revivam
E que sempre haja uma luz

Uma voz nunca deixa de dizer dentro de nós: confia!
Pois confiar é uma forma de saber
Que em nossa essência vive a criança que nada sabe, apenas
confia

◈

Conclusão

Sobre os autores

LEILA NAVARRO é conferencista há mais de 10 anos e consolidou nesse tempo um forte nome no Brasil e no exterior. Ao abordar temas Comportamentais, de Liderança, Gestão de Pessoas, Inovação, Vendas e Empreendedorismo, já teve suas palestras assistidas por mais de um milhão de pessoas e hoje integra o ranking dos 20 maiores palestrantes do Brasil, segundo a Revista Veja. Além disso, já ganhou por duas vezes o Prêmio "100 Melhores Fornecedores de RH" na categoria Palestrante do Ano.

Graduada na área da Saúde pela Universidade de São Paulo (USP), Leila Navarro é especialista em Medicina Comportamental (UNIFESP), habilitada na Metodologia CPS – *Creative Problem Solving* (CPSI, Buffalo-EUA) e participou do *Training Course of Solving Human & Organizational Problems for Brazil*, no Japão. Possui diversas certificações em cursos de Programação Neurolinguística (PNL) e *Developmental Behavioural Modelling* (DBM).

Empresária e conselheira da *Business Professional Woman* (BPW/SP), Leila também é colaboradora acadêmica do departamento de Direção de Recursos Humanos no ESADE Business School (Espanha), e professora convidada da Universidade de Barcelona. Ainda na Espanha, habilitou-se em Gestão de Talentos pelo ESADE, e graduou-se em *Coach,* especializando-se em Coaching Efectivo com Modelado – DBM pela Associação Espanhola de Coaching e Consultoria de Processos (AECOP).

Leila Navarro é autora dos livros *O que a universidade não ensina e o mercado de trabalho exige* (Ed. Saraiva, 2006); *Como manter a carreira em ascensão* (Ed. Saraiva-2006); *O auto-emprego é a sua carta na manga* (Ed. Saraiva, 2006); *Grandes egos não cabem no avião* (Ed. Letra Viva, 2006); *A vida não precisa ser tão complicada* (Ed. Gente, 2005); *Qual é o seu lugar no mundo?* (Ed. Gente, 2004); *SuperVocê – Descubra seu poder de SuperAção* (Ed. Gente, 2003); *Obrigado, equipe* (Ed. Gente, 2002) e *Talento para ser feliz* (Ed. Gente, 2000). É também colunista e escreve para várias mídias nacionais e internacionais.

www.leilanavarro.com.br

JOSÉ MARÍA GASALLA é conferencista organizacional com ênfase em Gestão de Pessoas e Desenvolvimento de Talentos, engenheiro aeronáutico e doutor em Ciências Econômicas e Empresariais pela Universidade Autônoma de Madri (UAM), com certificado em estudos avançados no doutorado de Psicologia Social da Universidade Complutense de Madri. É também diretor do Programa Gestão do Talento, da ESADE Business School de Madri e avaliador do Processo de Certificação de Coachs Profissionais e Executivos da Associação Espanhola de Coaching (AECOP). É também consultor internacional de líderes e fundador do Grupo Desarrollo Organizacional (DO – 1980), empresa destinada à consultoria de Desenvolvimento e Gestão de Pessoas.

Criador da nova tendência corporativa Gestão por Confiança (GpC), é um reconhecido profissional nas áreas de Mudança e Desenvolvimento Organizacional, Recursos Humanos, Gestão de Pessoas e Desenvolvimento de Talentos. Já apresentou seu trabalho em diferentes países, como Reino Unido, Portugal, Irlanda, Egito, Eslovênia, Alemanha, Finlândia, China, Estados Unidos, México, Peru, Argentina, Paraguai, Chile e Brasil.

José María Gasalla é autor dos livros *A nova gestão de pessoas* (tradução da 8.ª edição espanhola pela Ed. Saraiva, 2007), cujo último capítulo é inteiramente dedicado à Gestão por Confiança e já está em 10.ª edição na Espanha, e *Marketing & formação de executivos* (Ed. Qualitymark, 2004), também traduzido do espanhol. É colunista e escreve para várias mídias nacionais e internacionais.

jmgasalla@gasalla.com